# 100歲的幸福論

開心生活的♥五大祕訣

笹本恒子

# 推薦序

揚生慈善基金會創辦人 許光揚先生

100歲的笹本恒子小姐，97歲時開始寫這本書，在書中昭告她的人生目標——是彩色人生，她期許自己每天都能快樂的過著瑰麗人生，她做到了！

如何做到的？她在書中公開「開心生活的五大祕訣」，這五大祕訣執行起來不難，而能不能活得像她一樣精采，關鍵點應該是在「恆心」，若能持之以恆地過著她的「祕訣」生活方式，一定會是個開心人。

做個開心的人，是一件很開心的事。

04

謝謝各位，
我已經
100 歲了！

二〇一四年九月一日，攝影師小西康夫（詳見第138頁）以及身為編輯的太太凱特一起來拜訪我。「祝您100歲生日快樂！」，凱特拿著一束紫色的花束送給我。「謝謝妳！好開心啊！」。當我收下花束時，凱特說：「來吧，我們要不要一起去走走？」「走走？要去哪呢？」，小西先生說：「就去日本第一位女性攝影記者，笹本恒子的出生地吧！我想去那邊拍攝紀念照。」

真是個不錯的點子呢！這可是其他禮物都無法取代的。

品川區上大崎2丁目20，這是我現在住的地方。在我出生的那個年代，那裡叫做「長者丸」。以前，只要一有孩子要出世，家人就會去買新水盆，用來裝溫熱水，給產婆接生嬰兒時使用。在這個「長者丸」的家裡，也有一個寫著「大正三年九月一日・恒子」的水盆。

大家一聽到「100歲」，肯定會被數字嚇到吧？但是，人應該也不是活越久，就肯定越好吧？我想，大家之所以對我這個人感到興趣，應該是因為雖然我年紀大，但到現在還跟這個社會有所連結，而且每天都過著充實而忙碌的生活吧？

本書執筆於97歲，而且在那之後的生活越來越忙碌。我不但去了巴黎採訪，還和一些比如像記者武野武治等等、從以前就一直想採訪的人見面。似乎只要我一說：「我想做這個！」、「我想跟這個人見面！」夢想都能實現。前陣子，我才剛和編劇家山田太一先生見面。山田先生有三本我寫的書，他特別對那張杉村春子在房間修補衣服的照片情有獨鍾。他說：「雖然是人物照，但是妳用遠景拍攝，就可以連旁邊的情景一起拍進來。那張照片，我特別喜歡的就是她用牙齒把線咬斷的動作了！」這些話給了我極大的鼓勵。

二〇一四年，我在日本各地進行了多場「笹本恒子・100歲個展」的寫真展覽；在北海道的「笹本恒子寫真館※」開

※ 笹本恒子寫真館需事先預約。
地址：北海道札幌市豐平區福住1條8丁目3-5六軒村緣六軒一樓。不定期休館。電話：090-2873-9300。傳真：011-855-2804。Mail:edroken@gmail.com

館，也進入第三年了；到了秋天，又要在札幌進行演講……，每一天都忙得不可開交。

但是在二〇一四年進入夏天前，老毛病腰椎椎管狹窄症又再次發作，腰疼得不得了，只好接受治療。加上長期忙碌，我的體重降到35公斤。最近好不容易體力才剛恢復。雖然可以跟以前一樣，身體往前彎，手可以摸得到地板，但是走路的樣子似乎開始出現老態。不過除此之外，其他倒沒什麼變化。現在100歲了，我最愛的事還是喝紅酒，吃巧克力，也一直期待著能跟景仰的人物見面。我，依舊還是那個活力充沛的「好奇心女孩」。

如果問起我今後的目標是什麼呢？因為現在我手邊還有一份寫到一半的草稿，所以無論如何，都希望能夠將它完成，並公諸於世。如果明年還活著的話，也許還想再出一本新書，所以也敬請各位期待。若各位讀了這本書後，覺得對於創造自己的彩色人生多少有些助益的話，也算是本書發揮價值了。

# 初次見面！我是「笹本恒子」

住在溫暖的家裡

好好地吃、好好地運動

閱讀、書寫、工作&戀愛是持續一生的事情

不要隨便打理自己的外表儀容

不要輕易顯露真實年齡

我在一九一四年（大正三年）出生於東京，26歲的時候成為一位攝影記者。當時被稱為「日本第一位女性攝影記者」。直到現在，還是持續著這份工作，因此我的職涯生活已經超過70年了。

到目前為止，我所拍過的人物有：因戰後的民主化，才能取得拍攝許可的三笠宮家；以討厭拍照為名的作家井伏鱒二或室生犀星；政治家三木武吉；被刺殺的社會黨委員長淺沼稻次郎、力道山；歌手藤山一郎及美空雲雀，以及以第一代女性眾議院議員加藤靜枝為首的「明治期的女性」等等。

一直以來，都是站在「採訪者」、「攝影師」角度的我，在二〇一〇年秋天對外公開真實年齡後，居然立場一轉，變成被拍攝的人了！當時的我96歲，而現在97歲（二〇一一年）。都已經是這把歲數的人了，仍能有幸持續自己的工作，並且擁有健康快樂的生活，這麼一想，的確是挺特別的呢！

# 我曾經拍過這樣的照片

戰後，我在東京隅田川邊的「蟻街」，拍下了以廢物回收為業的人物主題照。當我正在那裡攝影時，從對面走來一位穿著工作服、樸素的女性。我身邊的孩子們一看到她，就興沖沖的跑過去，喊著「老師來了！老師來了！」我想，那位應該就是北原怜子老師吧？我向她致意後，表示自己是來這裡做攝影取材，希望她能和孩子們一起拍張照片。旁邊這頁的照片，就是當時所拍攝的。

北原小姐出生於一個小康之家，父親在大學擔任教授，而她本人是位虔誠的基督徒。受到當時準備在「蟻街」蓋教堂的芝諾神父邀約，於是她搬來這個地方居住，並且陪伴這些在「蟻街」成長的孩子們讀書學習。拍攝這張照片時，北原小姐大約25到26歲左右。後來因為過勞，在一場大感冒後就離世了。享年28歲。

「蟻街的聖母 北原怜子」
（1953 年攝影）

# 我的目標：彩色人生

大概是40年前吧？當時我正在為4歲的姪子準備特製便當。我仔細的把一道道他喜歡的菜裝在漂亮的大盤上，結果他看了後大叫：「哇！這個就是『彩色人生』吧？！」。奇怪，這麼小的孩子怎麼會知道這樣的詞彙呢？我好奇問道：「你知道什麼叫做『彩色人生』嗎？」「嗯！妳看就是這個啊！有沒有很漂亮？」原來他指的就是那個特製便當啊！盤子上有煎蛋、熱狗、火腿、番茄、花椰菜……雖然這些東西都不是什麼特別的食材，但是花點巧思擺盤，這些食材呈現出來的，就是姪子所謂的繽紛「彩色人生」呢！

我們人的一生，不正也是那樣嗎？如果每天都是懶散的過活，人自然而然就容易顯老。不管是食衣住行、工作還是娛樂，甚至是戀愛！只要花點心思和努力，人生就會閃閃發光。97歲的我深深體會到這樣的道理。記得我曾拍攝過一系列的「明治期的女性」主題照，其中一位是詩人齋藤史女士。她有一首詩讓我感觸良多：

花開花謝皆至美，人生終始亦如是

我也期許自己的人生，能夠每天都快快樂樂的過著瑰麗的人生。即使潤澤不再，我也不要當個枯枝，而是要當一朵美麗的乾燥花。希望更多人能和我一樣擁有多采多姿的人生，於是我決定寫下這本書，和大家一起分享我的生活經驗。

# 100歲的幸福論
## 開心生活的五大祕訣

目次

〔祕訣1〕

# 住在溫暖的家

到死為止，
還是自己的城堡
最棒！

〔祕訣2〕

## 好好地吃、好好地運動

讓我來回答您：「為什麼妳看起來這麼年輕？」

〔祕訣3〕

# 不要隨便打理自己的外表儀容

「外在」也是很重要的！

〔祕訣4〕

# 不要輕易顯露真實年齡

最重要的不是年齡，
而是你的「心境」

〔祕訣5〕

## 閱讀、書寫、工作及戀愛！

人生的轉機
來自於源源不絕的
好奇心

Canon
EOS 60D

說起來很不好意思，
書名雖然取為「幸福論」，
看起來好像很了不起，
不過其實一點也不困難。
藉由這本書，
讓我跟大家分享幾個可以開心生活的小祕訣吧！

## 祕訣 1

# 住在溫暖的家

非洲、南美或亞洲的藝術品……，被自己喜歡的東西包圍，
真是再幸福不過的事了。對了！我目前是住在市中心的大樓裡。

歡迎來到我家！

歡迎光臨！這裡是我的城堡！在這小小的城堡裡，放滿我喜歡的東西，對我而言是個超級舒適的住處。

非洲泥染的布織品、瓜地馬拉的玩偶、尼泊爾的拼布坐墊……，還有好多有趣的東西呢！雖然聽說最近好像很流行什麼「老前整理」、「生前整理」之類的詞，但我實在不擅長這麼做。沒辦法，我總覺得生活就該充滿著繽紛的色彩嘛！

其實早在幾年前，我就已經處分過一堆書籍了。不過，我還是喜歡每天欣賞著那些曾經因為緣分而收集的物品。那些物品，總是能給我滿滿的活力。而且到現在，我還是會被那些帶有流行元素的東西吸引。為了讓自己的每一天都能充滿期待，我何必一定要當那種拼命丟東西的整理達人呢？

我是個獨自住在都會區的女人。現在住在東京都某個大廈的十樓。精確說起來，我是從58歲開始住在這裡，70歲時丈夫過世後，我開始了獨居生活。

也許你會問：「妳這樣不寂寞嗎？」當然，我當然會寂寞啊。不過，我身邊也有工作，也還有好多朋友。再說，這世上有誰不是寂寞的呢？

平均一週左右，我的姪女會來家裡幫忙。也有每天會固定打電話來的朋友。另外，像是工作方面的討論啊、採訪之類的，幾乎每天都有人來家裡找我呢！

通常來拜訪的人，都會說「妳家好好玩！」「妳家好舒服喔！」之類的。我想，那是因為家裡擺放的，都是我喜歡的東西吧！加上我年輕時曾經學過繪畫，50多歲時也曾經上過室內裝潢的課程，所以即使家裡有一堆物品，我還是能夠讓那些雜七雜八的東西呈現一體感。

那麼，以下就讓我告訴大家，那些關於我生活的秘密吧！

# 如何讓你的房間看起來又大又舒適？

我在38年前（以二〇一二年計算）開始住進這個連棟、長形的集合式住宅。當我第一眼見到這個房子，我第一個想到的是：我要讓這個看起來冷冰冰的水泥建築物，化身為一個「有溫度」的空間。另外，因為屋形狹長，所以我希望能盡量讓它視覺上看起來比較寬廣。

於是，我捨棄那些帶有「辦公室風格」的高桌椅，而是採用偏低的桌子及沙發，讓空間的重心放在地板。如此一來，天花板看起來會比較高，整體空間也會呈現寬敞的感覺。

左邊這一頁就是起居室。而24到25頁照片上的的牆壁旁，你會發現我沒有放置一些比較高的家具，而是盡量讓壁面露出來。這就是讓房間看起來比較寬敞的小技巧。

不論是吃飯，還是接待客人，我都是用這個矮桌。
空間的重心在地板，不僅能讓空間看起來比較大，
同時也能營造一種讓人想敞開心胸聊天的氣氛喔！
所以我常常在這裡一邊喝著紅酒，一邊接待客人，
聊到天南地北都不想停呢！

# 年紀大不一定要住低樓層——我選擇住10樓的原因

「好可愛喔！風車在轉耶！」年輕朋友看著我家這個南向的陽台，忍不住讚嘆著。我家住在10樓，一打開窗戶，就有舒適的風吹進來。而繫在陽台扶手上的彩色風車，總是隨著風的流動，似是在歌唱一般，愉悅的轉動著。

大家總是說，年紀大了就應該要住在低樓層比較好。萬一發生了什麼事也比較方便，住高樓層的話要上上下下很麻煩之類的。

不過，我還是最喜歡現在住的十樓！

記得二〇一〇年三月十一號東日本大地震發生當時，我一個人待在十樓的家裡。真的很恐怖！不過，其實在我90歲之後曾經處分掉五大箱的書籍，所以家裡沒有擺放那種倒下來會造成傷害的重大物品。萬一當時家裡還有那些書的話，我恐怕就被壓扁了吧？

很幸運的，那場大地震只有讓我家一些小東西掉下來，沒有造成嚴重的損害。

我家向南陽台的那一側，是一整片的落地窗。每天從日出到日落，每一分、每一刻都能看到天空呈現不同的樣貌，怎麼看都不會膩。一天中最美的時刻就屬黃昏吧！你可以看到天空由藍漸漸轉橘，那樣的漸層色彩真是動人！而且還能看到富士山喔！對那些來我家的訪客而言，能見到這樣的景色，真是極致的招待啊！

日落之後，從我坐的沙發一抬起頭，正好可以見到月亮緩緩升起的瞬間。我總是一邊喝著紅酒，一邊賞月。這樣絕佳的美景，正適合一、兩個人欣賞呢！

# 陽台綠意給我滿滿的元氣

我的房間經過改建後，大約21疊（約10.5坪），還有一個長形的陽台。我在陽台上擺了許多大小不一的盆栽，因為有適當的陽光，所以每株植物都長得還不錯。特別是到了花開時期，陽台上爭奇鬥艷，熱鬧不已。

如果有比較親密的友人來訪，我們通常會肩並肩坐在沙發上聊聊天、賞賞花，這就是我家的待客之道。

陽台以外，室內也擺有黃金葛、斑葉橡膠等植物。記得曾有個男性朋友跟其他人提到我家時，說：「笹本女士家好像叢林！」的確，我家就像都市中的小叢林呢！

植物總能給予我滿滿的元氣。只要身邊有綠色植物，我在都會區的獨居生活就能充分被療癒。

坐在沙發上看到的是這樣的風景。
從室內往外一看，就能見到植物接受陽光洗禮的景象。
搖曳風中的綠葉鮮花，令人心生嚮往。

# 要不要住老人院呢？

接下來，來談談嚴肅一點的話題吧。我目前獨居，而且從年齡來看的話，的確必須要認真思考「死亡」這件事情了。

其實我早就寫好遺書，而且也已經加入「尊嚴死協會」了。本來，一直夢想著自己死後可以將骨灰灑在塞納河裡，但後來聽說不能灑太多東西到河裡，所以只好放棄。最後，我決定在東京買一個自己用的墳墓，那是一個有點類似牌位的小型墳墓。不會太過豪華誇張，這樣應該也比較適合我的個性吧？接下來，剩下的課題就是我自己要去思考的——在死亡那一刻來臨之前，我將要如何度過自己最後的人生？

記得在93歲的時候，我坐在椅子上伸懶腰，結果椅子帶人一起往後翻，造成背跟腰錯位，於是，我得了一種名叫「腰椎椎管狹窄症」的疾病。

雖然劇烈的疼痛可以靠著止痛針緩解，但生活起居可就麻煩了！

在那之前，我頂多就是得得感冒之類，從未得過什麼太大的疾病。但因為這次的意外，讓我「獲得」一張「需照護．一級」的身分證明。於是，我的姪女打電話給區公所，希望可以申請到一位幫忙我購物打掃的助手。

那位助手大約一個禮拜來一次。曾有一次在大熱天，因為黃金葛放在比較高的架子上，我不便澆水，於是想請她幫忙時，卻被她拒絕；需要出門購物時，也不能請她一起同行；希望她陪同去銀行辦事也不行（好像規定上，就是不能「同行」）。基本上，機構規定的協助事項以外，都不能請她幫忙。

雖說那位助手本身人品不錯，不過那陣子的經驗，真是讓我對日本的福利制度超級灰心。這真是個不體貼的制度啊！失望透頂的我，當時第一個浮現腦海的想法就是：「如果進入老人院，會不會受到比較人性化的照料？」

# 決定打消住老人院的念頭

93歲時由於腰痛，曾經有一段時間覺得老人院或許是個不錯的選擇。於是我查了一下住處附近有沒有什麼老人院。後來，果然被我找到了！

那是個從車站走路只要五分鐘，有6疊（約3坪）大獨立個室，包含餐費，一個月租金12萬日幣的銀髮族社區。感覺起來似乎還不錯，除了房間外，還附廁所及洗手台，只是聽說沒有可以煮熱水的設備。如果一個人在房間裡，連想泡個茶都不行的話，這樣不是有點無聊嗎？而且當時這個社區每一間都客滿，如果要入住的話，還得再等三年。不知道等到有空屋時，我還活著嗎？（後來事實證明，我還活得好好的啦！）

我身邊有個住在私人機構老人院的親戚，我請她帶我實際參觀一下她住的地方。那裡位在東京鄰近的縣市，有兩間6疊大的房間，此外還有浴室、廁所及小廚房。設施提供的餐點走的是現代風格，連我這個美食家都覺得還挺不錯的。這間老人院讓我有點心動，於是我就更深入的詢問一些入住條件之類的訊息。

首先，入住需要保證金，大約接近 1000 萬日幣，月繳的話大約 30 萬日幣。如果把我現在住的房子賣掉的話，不知道能在這裡住得起幾個月呢？老死為止，我真的有能力一直支付這些費用嗎？想起這些現實的問題，心情不禁沈重了起來。更令人驚訝的是，萬一住進去之後反悔了，想要退費的話，即使只住一個月，也只能退保證金四分之三的錢。1000 萬的四分之一，也就是 250 萬日幣就這樣白白飛了！

於是，我決定打消住老人院的念頭。我將本來預定花在老人院的錢，拿來替現在住的家進行裝修。我要將度過人生最後的地方弄得更舒適！於是，在94歲的時候，我開始進行房子大改造。

# 我不需要扶手——94歲時改造房子的經過

當我下定決心要改造房子時，腦中開始出現一堆點子。比如，要不要在室內裝扶手呢？答案是：當然不要！我才不需要扶手。我想要的，是一個讓我每天早上都可以跟著電視播的體操做做運動，也能讓我隨時想跳舞就能跳的寬敞空間。

我家本來的格局，是有很多不同功能的小空間。不過自從丈夫過世後，我根本也不需要那麼多的房間。於是我想：「乾脆只要保留一間洋式房間就好，剩下來瑣碎的空間就全部打通，讓家裡變得更完整、更寬敞吧！」光是想像改造後的房子，就令人雀躍不已！

心動不如馬上行動！於是我打電話給做房屋工程的朋友，跟他說我的

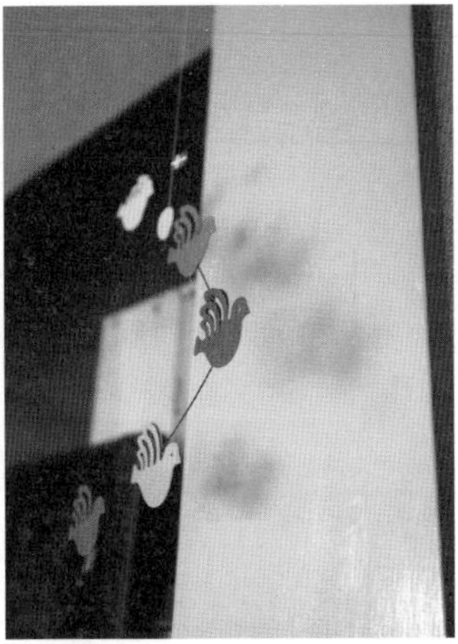

計畫，他預估將本來的牆壁打掉大約要4天，而總工程大約要花20天左右。雖然我查了施工期間我可以暫時住的地方及價格，不過工程人員建議我，可以繼續住在要保留的那間洋式房間。於是我接受了他的提議。

你說我很有行動力？當然囉！長久以來我一直從事攝影採訪的工作，所以也養成了一想到什麼就要立刻採取行動的行為模式囉！

最後，我擁有了一個夢想中的大房間。每天早上，我都在那間房間裡，享受著從南向陽台照射進來的陽光，悠悠哉哉，跟著電視節目做體操運動。

## 「色彩」為居住環境帶來不同的氛圍

我現在住的地方是水泥造的房子，照理來說應該會給人一種生硬、冰冷的感覺，但事實正好相反，一進到房間，就能感受到溫暖的氣息。我想，這應該是因為「色彩」所營造出來的氛圍吧？我認為，室內裝潢中最重要的，就是如何運用色彩，讓空間呈現出不同的氣氛。

首先，要先決定主要色調。我家基本的色調屬橘紅色系，比如像橘色、茶色之類的。一旦決定好了色系，就可以加入一些融合的顏色，以及少許可以作為妝點的重點色。

比如像牆壁、窗簾等面積比較大的地方，我選擇卡其色那種不會太強烈的顏色。像沙發、椅墊、掛在牆壁上的布，這些客人容易注意到的地方，我採用較明亮的咖啡色。而我家的重點色是黑色及紅色。雖然我家沒有

什麼高檔的家具，但客人一來到我家，都說這裡非常能展現主人的個性，
同時也是個很有「溫度」的家！

這是我家沙發。
最中間亮橘色的靠墊上，本來什麼圖案都沒有，
不過我後來在上面畫了大象的圖案，
讓它與左右兩邊的靠墊可以相互呼應。

# 我超愛 TOKYU HANDS！也第一次在 IKEA 購物

服裝以外，我也超喜歡室內裝潢或逛一些居家小物。我不太喜歡在家裡擺一堆名牌家具，而是希望可以發揮自己的感性與美感，建造出獨一無二的「城堡」。

因為這樣的想法，TOKYU HANDS 成了我最愛逛的商店之一。比如工作用的桌子、附輪子的餐車、隔開玄關跟旁邊空間的屏風等等，都是在 TOKYU HANDS 購入的。以前的 TOKYU HANDS 真的很好逛，即使在那邊待一整天也不會覺得膩。

二〇一一年時，我第一次在 IKEA 買東西。記得剛開始是因為看到他們寄來的產品型錄，發現裡面有很多便宜而且有趣的東西，剛好當時需要一張椅子，而型錄中也正好有一個很適合的商品。

於是我寫信過去，告訴 IKEA 我有個想買的東西，希望他們可以宅配給我。過幾天 IKEA 打電話過來告訴我，他們沒有這樣的服務。原來必須要親自去一趟店裡，才能購買 IKEA 的東西。

有一次和鄰居聊到這件事，才知道我家樓下的小姐那陣子也打算要去 IKEA 買東西。於是我就拜託她替我購買。幾天後，送來的椅子比想像的還要大，這真是太划算了！

為了讓這張椅子可以融入其他家具，我替它蓋上了一塊來自非洲的紅色條紋桌布，並且把它擺在起居室，作為我個人使用。

因為鄰居的幫忙，我買到了便宜又好用的東西。這樣的經驗為生活增添了些許樂趣，也為我的彩色人生寫下了美好的一頁！

## 祕訣 2

# 好好地吃、好好地運動

讓我來回答您：
「為什麼妳看起來
這麼年輕？」

這是我愛用的空白筆記本。
我用自己喜歡的日曆插畫
作為筆記本的封面。

トンカツにサラダ
みそ汁
ご飯かパン。
バランスをよく考えて
中高年の方は肉
野菜煮もの
サラダ

# 三餐都下廚，想吃什麼就做什麼

曾經有個朋友對我說：「最近在百貨公司地下美食街都有賣很多現成的料理，現在妳一個人生活，應該很常買那邊的食物吧？」聽了以後，我很驚訝的回答：「欸？我都自己下廚啊！我從來沒買過那種現成的菜耶！」

也有另一個朋友說：「自己下廚很浪費時間吧？像滷菜或烤魚之類的，五點以後超市會有特價品，我通常都是等到那個時候才會去買。真的很方便呢！」

我發自內心很震驚的問道：「啊？連烤魚都是買現成的嗎？」

「因為在家裡烤魚的話，房間不就整個都是那個味道嗎？」

在喜歡的盤子上仔細擺好一道道的料理，擺盤也是門學問！即使只有一個人吃，也要讓用餐變得愉悅而美好。這可是追求「彩色人生」的基本喔！

不論何時，都要讓餐桌保持優雅的狀態，即使忽然被客人看到自己在用餐的樣子，也不會感到不好意思。照片中的主餐是甜辣風味煎牛肉，另外還有醃漬鯛魚、滷昆布以及紅酒。

奇怪，這世界怎麼會變成這樣呢？

雖然我的手藝沒有特別好，但我盡量三餐都是自己下廚。因為很重視吃，所以想吃到自己真正喜歡、也覺得好吃的東西。再者，外面市售的現成料理，應該添加很多化學調味料吧？雖然吃的當下覺得美味，但是吃完後總覺得舌頭怪怪的……，莫非只有我有這種感覺嗎？

平常我並不會特別計算營養成分、卡路里之類，下廚時也不會刻意要減油減鹽。我就是想吃什麼就做什麼，真的是隨心所欲的下廚。即使如此，不，應該說「正因為如此」，我才能維持的這麼健康。身體也沒什麼毛病。而且體重一直保持著年輕時代的42～43公斤，也不曾減肥過。

雖然說是隨心所欲的下廚，不過我一直注意著兩件事：

首先，就是「吃八分飽」。從孩提時代，奶奶或母親就不斷提醒著我們：「再怎麼好吃的東西，也是吃適量就好。」不管是什麼，吃過多都會造成疾病。

第二，就是「不論何時，都要讓餐桌保持優雅的狀態」。

比如吃肉時，記得放點蔬菜，讓肉料理看起來色彩更豐富；或使用當季的蔬果，讓料理能夠呈現季節感；甚至是多留意器皿、桌巾的配色……。總而言之，即使只有自己一個人用餐，我也會注意這些小細節。如此一來，自然而然就能攝取到均衡的營養。

每天早上一起床，我就會喝一些優酪乳來潤喉。早餐通常會喝咖啡牛奶、麵包塗些自製果醬、以及當季的水果。

而中餐的種類就比較多。比如吃義大利麵的話，我會加入魚或肉類，配上一些蔬菜沙拉。吃烏龍麵或蕎麥麵的話，我會把冰箱裡的蝦子或蔬菜拿去做成炸物，或是搭配像涼拌青菜、芝麻醬拌菜或滷味之類的蔬食料理。

晚餐的話我會吃最愛的肉類。我習慣將有適量油脂的牛肉或雞肉拿去稍微煎一下，就是一道美味的料理。比如說霜降牛肉片醃一下醬油和酒，在平底鍋上用橄欖油很快的炒一下，最後再淋一些味霖（這可是美味的祕訣）。擺盤時別忘了放一些水田芹或蘆筍等綠色蔬菜。

晚餐時，我一定會加一、兩樣蔬菜類的配料。春天時，我會將「獨活」（山菜的一種）拿去拌炒；夏天，就將茄子做成日式滷菜。此外，也常吃滷豆或滷昆布。豆類及海藻類都是對身體很健康的食材喔。

最後，每天晚上一定喝一杯紅酒，這也是我維持健康的一個秘密（詳情請參見第60頁）。另外，為避免攝取過多卡路里，我晚上通常不吃飯類。

48頁是我某天的晚餐。首先是甜辣風味煎牛肉。副菜是將前一天剩的鯛魚生魚片拿去醃漬，再拌一些蔬菜。另一道料理是用做高湯時剩下的昆布，加上香菇，用自製的八方醬汁（請參見64頁）做成的日式滷菜。

# 離車站遠也沒關係，只要走路30分鐘以內到得了就好

離我目前住的地方最近的火車站，以我的腳程大約需要15分鐘。平常要買日用品時，我習慣走到火車站裡或附近的商店街購買。對我而言，這樣的距離剛剛好。如果一直不動一動的話，身體就會像生鏽一樣不靈光了。

如果坐公車去，大概只要兩三站就會到火車站。但即使如此，我還是選擇用走路過去。三年前的我，不管是去程還是回程都會用走的，但是現在（二〇一二年）開始感覺到身體會有點疲憊，所以我這幾年只有走單趟。用自己感覺最舒服的步調走路，這真是最棒的運動啊！

平常陪伴我的是一隻枴杖。但是我通常不會支撐地面，而是懸空拿

走路時，要隨時注意挺直身體。
對我來說，這已經是一種習慣了。
各位最好也能從年輕開始，
就多多注意自己的姿勢喔！

著它走路而已（其實也不是下意識的這樣做……）。所以我常被人笑道：「妳為什麼要拿著一隻楞杖走來走去呢？明明就沒有在用……」。

不過你知道嗎？楞杖的功能不僅只有走路時支撐地面的作用喔！比如說買東西買得太重時，我可以把楞杖撐在肩上，然後把買的東西掛在楞杖上，這樣會比較輕鬆。在人比較少的路上，我常偷偷這麼做呢！

我曾在一次聊天中提到：「坐兩三站公車時，我都會把楞杖藏在身後。」朋友問：「為什麼要這麼做？」「因為，要是帶著楞杖，人家就會讓位給我。但很多時候明明對方會比我晚下車，還讓人家讓位，這樣真的很不好意思啊！」聽到我這種回答，大家似乎更加驚訝。

「咦？難道您坐公車時都是站著的嗎？我們即使只搭一站，有位子的話也會坐著耶！」

聽到身強力壯的年輕人這樣回答，才真的把我給嚇了一跳。不站、不走、不用腳，肌肉不是會衰退嗎？我到現在這把年紀還能伸展、輕鬆步行，要歸功於年輕時代開始就一直持續行走、做體操、動動身體，這對健康可是很重要的呢！

以前我也會開車。不過現在我盡量走路，或搭大眾交通工具，不管是哪裡，我都能一個人去。好奇心旺盛的我，最喜歡出門到處逛逛喜歡的店家。

因為常常走路，所以選一雙好走的鞋子非常重要。最近我很喜歡一家丹麥品牌「ECCO」。鞋底有一點跟，走久了也不累，而且輕量。穿著白褲，搭配這雙白鞋，總覺得自己可以健步如飛，豈不自在！

# 人生就是「吃」！我對「食」的看法

好長一段時間，我習慣將自己每天想到的事情，都記在無印良品的空白筆記本上。我一直很想以食、衣、住為主題，以空白筆記本上的生活紀錄為基礎，出版一本書。所以我的筆記本裡，也有幾頁是用插畫的方式來紀錄「食」喔！

45頁就是我的日常紀錄。我在裡面寫著：「我不是專家，裡面記載的只是我長年以來的生活紀錄。敬請參考！」旁邊書寫的是我每天早、中、晚吃的東西。雖然這是之前寫的，而最近飲食的習慣有少許變化，不過基本上大方向還是一樣。那麼就讓我從筆記本裡舉一些例子吧！

早餐的重點：絕對不可以為了要減肥而不吃早餐！多少吃一點也好，這可以為你嶄新的一天帶來能量。比如水果、果汁或咖啡牛奶。

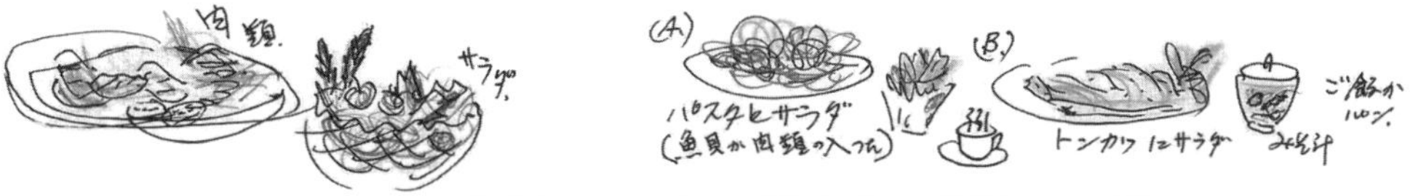


搭配小型麵包或土司。水果，還有優格。

中餐的重點：從下午到晚餐，時間比較長，而且下午要耗費許多體力在工作。如果是外食的話可以考慮一下預算，不過至少要攝取以下的量：（A）有魚或肉的麵類及沙拉。（B）炸豬排及沙拉、味噌湯、飯或麵包。（C）天婦羅丼物、味噌湯、醃菜、綠茶。

晚餐的重點：攝取少量而高營養價值的食材，同時要注意均衡。中老年人每天應攝取 80～100g 的肉類，搭配沙拉、日式滷菜、豆類及昆布的滷菜、麵包或飯（我的情況是不吃澱粉類，取代之的是喝紅酒 170cc）。

人生在世就是要「吃」。取得當季最新鮮的食材，將其美味，以適當的料理方式發揮至極致，並感謝大自然賜給我們這些食材的生命。用餐，是人生的重要時刻，所以可別輕忽這段時光啊。

# 「食」難道不是一種文化？

越來越多人，雖然下廚煮麵，但是不會另外烤魚、或炸天婦羅之類的搭配著吃。「因為廚房會髒」、「房子會充滿魚腥味」，每次聽到這樣的理由，都讓我不禁有些感傷。

十幾年前，有個親戚打電話問我：「奶奶，柴魚片是要水滾了以後才放進去嗎？」「要滷東西時，哪些調味料要先放呢？」

她從小在美國長大，後來為了要讀大學，所以比父母早一步先回日本，開始一個人生活。可能因為這樣，所以打電話來問我料理的方法。

「雖然我在美國有看過媽媽做菜，但是自己嘗試時，還是會有點沒自信。而且今天我招待朋友來家裡用餐，所以希望可以成功！」她說道。

後來，這個女孩跟大學同學結婚，現在是兩個孩子的媽。她曾經有點害羞的對我說，她第一次去丈夫老家拜訪時，男方的母親還稱讚她：「聽說妳從小在海外長大，不過我覺得妳很有日本傳統女性的優雅氣質呢！」

「食」難道不是一種文化嗎？像我這樣好奇心旺盛又活力滿滿的人，在面對廚房時也必須靜下心、慢慢的先從高湯開始做起、選擇適當的器皿裝盤。這就是我生在日本、長在日本的證據啊。白飯要放左邊、味噌湯要放右邊、烤魚的頭要朝向左邊……。這些「食」的基本，真的是很重要的文化核心呢！

# 每天晚上都要來杯紅酒

每晚，我都以一杯紅酒，為一天畫下美好的句點。三十年前開始，我就開始這樣的習慣，紅酒在我的生活，沒有一天缺席。不過，我可不曾喝到爛醉如泥。每天就只喝一杯。超過了，我也不會喝的。

開始喝起紅酒的契機，是之前因為貧血，導致早上很難起床，因此醫生建議我可以攝取一些紅酒。而且我曾在報紙讀過，由於紅酒含有多酚，對於貧血及預防老化有顯著的效果。在那之後，又聽過國立大學的專家老師們都有提過類似的見解，於是我開始建立喝紅酒的習慣。

其實有點後悔當初沒有剪報習慣。這幾年有許多介紹如何維持健康的報導，如果我早把那些報導留下來的話，現在就可以給各位看看明確的

這個紅酒杯的設計很美吧！
我每晚的樂趣，就是細細品嚐這樣一杯 170cc 的紅酒！

醫學根據了。不過，各位看我現在身體的這樣硬朗，大概就可以瞭解紅酒的功效有多好了。的確，自從開始喝紅酒以後，我的低血壓也痊癒了，早上起床精神也好多了！

每天晚上一杯170cc的紅酒，而且絕不多喝。所以一瓶紅酒大約4到5天就會喝完。將170cc的紅酒注入180cc容量的玻璃杯裡，看著滿滿的紅酒，無限的幸福感湧上心頭。「今天也結束了啊！」這杯紅酒可以讓我從工作的疲累或不順得到解放；同時，它也預告著愉快的用餐時間即將開始！

一杯紅酒，可以讓平凡無奇的日復一日，暫且告一個段落。「那麼，就以一杯紅酒，為今天乾杯吧！」換個心情，繼續迎接明天！

我喜歡的紅酒沒有什麼特定的牌子，不過我偏好重口味的波爾多紅酒及加州紅酒。我習慣一次訂購好幾瓶，並將送來的酒先放在12瓶入的紅酒櫃裡保管。

因為我總愛說自己很喜歡紅酒，所以也有很多朋友會送給我當禮物。為了感謝朋友的心意，我習慣在收到的紅酒標籤上，寫下贈送者的名字以資紀念。在日後打開紅酒要品嚐之際，就能想起：「啊！這是當時某某某送的！」

一面看著贈送者的名字，一面喝著紅酒，品嚐到的美味與心中的喜悅真是難以形容。即使是獨自一人品酒，也似乎像有個朋友在身邊陪伴著一般。不知是否是酒精的效果，總覺得心頭湧上一股暖流。

# 我和「八方醬汁」的友好關係

瓶身綁著個蝴蝶結，這罐玻璃瓶裡裝著的不是紅酒，而是「八方醬汁」。這罐有點類似市售的涼麵沾醬，但沒有化學調味料的怪味，而是散發一股清澈、上質的甘甜味。可以將之稀釋後拿來沾麵，也可以用來滷東西，正如它的名字「八方」（面面俱到之意，不管是哪種料理都能適用）。這是我家冰箱的必備調味料。

首先，將煮高湯用的昆布10公分，搭配三杯水，用大火煮開，沸騰後就把火關上，拿出昆布。再將一撮柴魚片放進去，稍微煮一下之後取出高湯。這時的高湯雖然也可以保存，但是到第三天左右，可能就會開始發霉，所以需要另外加上一些調味料，讓它變成「八方醬汁」。如此一來，就可以放個四、五天左右。

將酒、味霖、醬油加入上述的高湯，再煮過一次，讓酒精揮發後，自製的「八方醬汁」就完成了。你可以邊煮邊嚐，依照自己的喜好調整味道。

放在冰箱的八方醬汁，
我習慣把它裝在紅酒的試酒杯裡，
瓶身再打個蝴蝶結，
這樣放在餐桌就很可愛！
這些小點子，總是能讓我的生活充滿新鮮感！

# 即使是高湯用剩的食材，也能很美味！

我這個人很重吃，而且，如同之前提到的，我很怕那種吃完後舌頭會有點刺刺麻麻的化學調味料。所以，高湯我都是自製的。在前一頁有介紹我如何用昆布或柴魚片做高湯，那樣做出來的高湯，如果再加上乾香菇一起熬煮的話，會更有風味，非常適合拿來沾麵或是滷東西喔。

做完高湯後，剩下來的昆布或香菇等等，如果就拿去丟掉的話，也太可惜了。我通常會用那些剩下來的材料來做日式滷菜。

首先，將昆布跟香菇切成一口大小，加上醬油、味霖及砂糖，用小火一直滷到湯汁收乾即可。調味料的量我通常是用目測的，剛開始大約加到把食材蓋過去就差不多了。

我常用的利尻昆布比較硬，所以需要花多一點時間煮到軟。我都是利用中午或晚上空檔，用小火一直熬煮。只要一離開廚房，就會把火關掉，回來時再繼續加熱。像這樣，不間斷地開火、關火，大約煮個兩天就能完成。用這樣的方法做出來的料理，因為溫度較低時可以充分吸收醬汁，因此就能做出非常入味的日式滷菜！

如果要做拉麵或是煮湯，有時我也會用雞肉來熬高湯。不過因為是一個人住，所以我不會用大隻的雞骨熬湯，而是用像雞翅、小雞腿那種附骨頭的肉來熬。如果要做一人份的湯，只要在熱水中加入一、兩隻小雞腿，就能熬出相當美味的高湯。做完高湯的雞肉，還可以用酒跟醬油醃一下之後再拿去烤，就會非常好吃。怎麼樣？一點也不浪費吧！

# 兩個長壽的祕訣

我最喜歡的食物就是紅酒、巧克力、起士跟麵包。你可能會笑我像個法國人似的，不過，這就是我的風格。

少女時期的夢想，就是擁有一個可以左右打開的櫃子，櫃子上半部放著香水，下半部放滿著巧克力……。至今，極具誘惑力的香味或甜味的東西，還是深深吸引著我。

我最愛的巧克力是法國松露巧克力（雖然很貴）。而起士，我喜歡的是較順口的白色卡芒貝爾起士。我家一定會隨時備著這些東西，當有人來訪時，我就可以邀請對方：「我們要不要一起邊看夕陽、邊喝點紅酒？」當我從冰箱或紅酒櫃拿出這些東西時，不就可以馬上開派對了嗎？

我最喜歡的起士牌子是一家包裝是藍色、白色、紅色，
很有法式風情的「CAPRICE des DIEUX」。
他的起士口感滑潤，屬於白色起士。
巧克力則不特別挑牌子，只要好吃就好！

# 別輕忽每天早上的體操時間！請看我的體態！

看了73頁的照片，你有嚇一跳嗎？我的手可以摸到地板呢！常有人稱讚我：「您的腳可以伸得那麼直，體態真是漂亮！」我很擅長前彎。60歲以前，我每天都要做個60次。現在，真的沒辦法每天做到那麼多下，不過我也不希望因為自己的怠惰而退步，所以只要進入一個沒人的電梯裡，我就會偷偷練習。一個人在電梯裡閒著也是閒著嘛。不過，如果忽然有人要進來，我就會趕緊站直，假裝什麼事都沒發生。

每一天起床的時刻，對我而言還是最累人的。上了年紀，大家應該也都差不多吧？剛起床時，筋骨硬梆梆，身體沈甸甸的。累積在體內的疲憊似乎沒什麼消除呢！

為了要消除疲憊，我習慣用服貼、偏薄的枕頭。在腳邊，我會放比枕頭還要高一點的靠墊。曾在書上讀過：頭低腳高的姿勢最好。試了之後，果然很適合我呢。

夏天，我大約早上五點會醒來，冬天則大約是六點。然而，要我立刻起床是挺有難度的。通常我會在被窩裡翻來覆去好一陣子，等到真的準備要起床時，撐著牆壁，一鼓作氣地「嘿～咻！」，才能完全清醒。

四年前（以二〇一二年計算），我的背骨受傷，罹患了腰椎椎管狹窄症，所以對我而言，要下床是很辛苦的。然而，只要度過起床的難關，之後就完全沒問題了，又是一如以往的早晨在迎接著我。

首先，我會打開電視看 NHK 的英文會話節目。接著是看 6 點 25 分的

「大家的體操」，自己也會一邊跟著做。

透過陽台，東京早晨的風景映入眼簾，是那麼清澄美麗。吸著吹入屋內清新的空氣，伸展著手腳，身體舒適自在，也能感受到體內血液的流動。僵硬的頭部、手腕關節、膝蓋都變得柔軟無比。

對於運動細胞不怎麼好的人，自己邊看電視邊做體操，就不用擔心被人看到會不好意思，也不會為了要耍帥、做一些高難度的動作而受傷。特別是早上剛起床頭昏腦脹時，做一些體操可以讓你精神百倍。只要每天早上持續一些運動，保證你身體的敏捷度會大幅提昇！

「偷懶一下嘛！」「放輕鬆一下嘛！」人只要一直這樣想，身心就會開始老化！

另外，為了讓身體恢復精神，每天早晨的暖身也不可或缺。

一直不動的話，身體就會不靈光。
因此，我每天都會看電視節目，跟著做體操，
或是做做前彎運動，以保持靈活的筋骨。

「外在」
也是很重要的！

## 祕訣 3

# 不要隨便打理自己的外表儀容

Canon

# 世界上獨一無二的衣服
## ——動手做最適合自己的服裝

這件上面畫著小男孩圖案的上衣，是我用瓜地馬拉的布製作的。作法相當簡單喔！只要一個半小時就可以完成了。

只要有人一聽說我的年紀，就會充滿好奇的想靠近我。讓我常覺得自己好像隻珍奇異獸一樣。當對方把我從頭到腳打量過一番，稱讚著：「哇！妳好厲害喔！」之後，我會說：「這件是我自己做的衣服喔！」接著，就會聽到對方：「啊！？」的驚嘆聲。

比起年齡，我更希望的是自己的品味受人稱讚。不論是接受雜誌或電視的取材、或參加派對、或領獎時刻，我總愛穿著自己手作的服裝。

比如：非洲泥染的布料、峇里島的古董、泰國的蠶絲、南美的織品、瑞士的桌巾……，這世上有許多美不勝收的布料呢！當我在雜貨商店看到喜歡的布料，我通常會買起來收藏。一旦有什麼點子出現腦海時，就可以拿出這些布做做衣服或是裝飾家具。

雖然說是「手作衣」，但其實根本也不需要什麼版型打底，相當的簡單。即使沒有縫紉機也無所謂。我一般是用手縫，就像高檔訂製服通常是手作居多，我自己的衣服也是如此。而且可是獨一無二的喔！

比如76頁照片上我穿著的上衣，就是將瓜地馬拉的布對折，剪一個半圓作為領子，再縫合衣服兩側，讓手可以伸出來。製作時間大約只要一個半小時。

在袖子邊緣上方一公分處，縫接另一層布料。
最後一層的袖子下擺要剪開。
如果領子部分比較寬的話，可以加一條絲巾或白色高領衫。

77頁照片上的衣服也是利用瓜地馬拉的圍巾製作而成，領子及袖子部分則是另外縫接素色的布料。同一頁下方照片的罩衫，則是用非洲泥染的布料。這件更簡單。首先將一條長形的布對折，左右兩側以皮繩固定即可。只要將這件罩衫搭配黑色高領毛衣及合身長褲，身邊的人看到通常都會讚道：「哇！您今天穿得真美！」

除了手作服以外，要是買來的衣服有哪裡不合我意，或是退流行了，我都會用自己的巧手讓它起死回生！

比如之前買過一件平紋棉織、深紫色的洋裝，我很喜歡它的顏色及圖形。不過因為那件衣服主要是賣給年輕人，所以袖子部分只有10公分，對我而言實在太短了，所以買來以後我就把它收在櫃子裡，三年左右都沒穿它。忽然某天靈機一動，決定把洋裝下擺部分稍微剪短，然後將它接在袖子下方。這樣的設計有點類似喇叭袖。如前一頁插圖所畫的，將剪下來的布料像筍子一般，一層一層的接在本來的袖子下擺。這樣的設計相當有趣，至今這件還是我最喜歡的衣服之一。

# 我最適合「大」方俐落的飾品

一般而言，日本女性好像比較喜歡小巧別緻的飾品。小飾品看起來的確很可愛，很吸引人。不過，有些人不是那麼適合小型的飾品，我，正好就是這種人。小飾品不夠顯眼，也跟我的氣質不合。而且上了年紀後，應該要戴一些讓人印象深刻、顯眼的大飾品比較好。因為人家會先注意到你的飾品，這樣一來，自然就不會注意到臉上的皺紋、斑點啦！

我對飾品的品味，比較偏向歐美人的感覺。也就是，衣服才是重心，飾品不過是襯托物罷了。

右邊這條粗獷的項鍊來自非洲，是我最喜歡的飾品。
左邊的飾品是昭和 16 年左右，
我在數寄屋橋的一家叫「KOUGEI」的店買的。
這是用蛋殼製作而成的腰帶飾品。
戰爭發生時，我一直戴著它到處逃難，
總覺得它冥冥之中保護著我，所以很珍惜它。
因為珍貴，後來我將它重新做成項鍊，
現在也是我的愛用飾品之一。

# 追求時尚是一生的樂趣

我很喜歡打扮。不過，不喜歡跟別人打扮得差不多。所以，在我身上很少看到一眼就能辨識出牌子的名牌貨。我認為，穿名牌服裝並不等於品味好。

雖然前一節，我才說過很喜歡自己手作的衣服，但我也很喜歡逛街血拼。不過不是買熟女精品服飾。會吸引我進去的，是年輕人會逛的店面。在那裡買的服裝，只要加一些自己的巧思，不用花什麼大錢，就能完成一件全新設計的衣服。

我偶爾也會在UNICLO買衣服。在幾年前我第一次跟60多歲的姪女們逛UNICLO，我拿著一件掛在架上的洋裝對他們說：「我覺得這件不錯，來試試看吧！」沒想到他們一副興趣缺缺的樣子。我去試穿後，發現真的很適合自己。那是一件黑色針織洋裝，我到現在還是很喜歡它呢。

花了 2000 日幣買的這件洋裝，其實也可以把它穿成長版上衣。在試穿時我靈光一現：「這裡面還可以搭配白色高領衫，把領子露出來，下面搭配黑色合身褲，再戴上黑色帽子吧！」

後來我這樣穿搭去參加採訪會時，一位熟識的電影公司宣傳小姐跑來對我說：「您今天的打扮真是漂亮！」因為實在太喜歡那件的設計了，於是隔年又買了一件同款式紫色的衣服。

穿著平價的衣服，最好要先思考一下它適合怎樣的整體搭配、以及飾品。思考穿搭，正是追求時尚的醍醐味，也是一輩子的樂趣！

# 思考如何搭配飾品，也能順便訓練腦筋

二〇一一年終戰紀念日當天，我去參加「徹子的房間」的節目錄影，穿著自己用非洲的布料做成的洋裝，並戴著81頁照片中的項鍊出席。節目播出後，果然被觀眾詢問：「恒子女士當天戴的項鍊是在哪裡買的？」你看，飾品的確會吸引別人的目光吧！所以，學習怎麼搭配飾品，真的很重要呢。

不過，也很多人手邊有一堆的飾品，卻不知道怎麼搭配才好。「這件衣服要搭這條嗎？」「這條項鍊如果配上這條手環，一定很讚！」像這樣，考慮飾品的配色及整體感，也是日常訓練腦筋的方法喔！

那麼，請各位也跟我一樣，將你塵封已久的飾品拿出來，用玩拼圖一樣的心情，思考一下你的飾品要怎麼搭配今天的服裝吧！或許，每天像這樣的訓練腦筋，就是我保持年輕的一個祕訣呢！

為了搭配這件來自非洲的黑白條紋洋裝，我戴了同樣是來自非洲，黑、白配色的耳環及戒指。
銀色的手環是在巴黎的跳蚤市場找到，很有異國風情吧！
帽子上也可以別個別針！

## 上了年紀後，中間色彩是禁忌

究竟為什麼，日本的女生只要一有了年紀，就喜歡穿那種色彩不鮮明的衣服呢？每次搭公車，看到周圍60歲以下的女生似乎都喜歡穿卡其色或灰色、寬鬆的上衣，配上同色系、一樣鬆垮垮的褲子或裙子。看起來一點也沒個性，身材看起來也不好，最重要的是，臉色看起來超沒精神的。每次看到有人這樣穿，我都替她感到可惜！

的確，年輕人大多都很適合淡色系。不過隨著年齡增加，淡色系加上淡色系的搭配真的非常「NG」！像頭髮有一半都是白色的人，如果穿著卡其色的上衣，配上灰色的裙子，就非常的顯老。如果髮色是銀灰色，就應該穿著深紅色或黑色；如果髮色是咖啡色，就要配黑、深咖啡、或橘色。讓臉周邊出現一些鮮明的顏色，如此一來，神情看起來就更加生動。

上了年紀之後，我非常建議服裝方面要搭配適當的對比色比較好。

說到這點，歐洲的女性真的深黯色彩搭配美學。當她們穿灰色衣服時，就會在脖子上圍一條黃色的小領巾；穿黑色時，就會戴一條大紅色垂吊式的耳環。千萬別因為年齡而侷限了服裝的選擇性！即使是紅色或黃色那種鮮豔的顏色，也能巧妙地襯托自己的美。比如大紅色的毛衣，如果配上灰色的褲子，也是很有氣質的組合呢！

我曾經對一位全身穿著卡其色的朋友說：「妳如果再配上一條條紋花樣的圍巾會更棒喔！」結果她竟回答：「不過，這樣的打扮太誇張了吧？」這才不是誇張，這叫畫龍點睛！如此一來，臉才會看起來更有精神啊！

在服裝穿搭方面，色彩扮演著很重要的角色。希望各位今後可以大膽的嘗試各種不同的顏色！

# 我都戴現在當紅的「Zoft」眼鏡

老實說，我剛開始很不敢相信——這麼便宜的眼鏡，真的沒問題嗎？畢竟，以往配一副眼鏡，大概都要花10萬日幣左右吧？如果是名牌眼鏡的話，光鏡框就要花個6萬左右了呢！

然而，當我實際走入「Zoft」，發現一副近視加閃光，甚至配上感光鏡片的眼鏡，居然只要12000～13000日幣！鏡框的選擇又多樣化，真的可以充分滿足所有客戶的需求。於是，大約五年前（從2012年計算）開始第一次在Zoft配眼鏡之後，我就變成死忠的顧客了。

像我在「徹子的房間」錄影時戴的紅色鏡框眼鏡，也是在那裡配的。如果穿黑色衣服，我就搭配紅色眼鏡；紫色衣服就配藍色系。為了要搭配衣服，我的眼鏡也不斷增加……。Zoft的眼鏡既便宜，又能給我的生活帶來無限的樂趣，這真是再好不過的了！

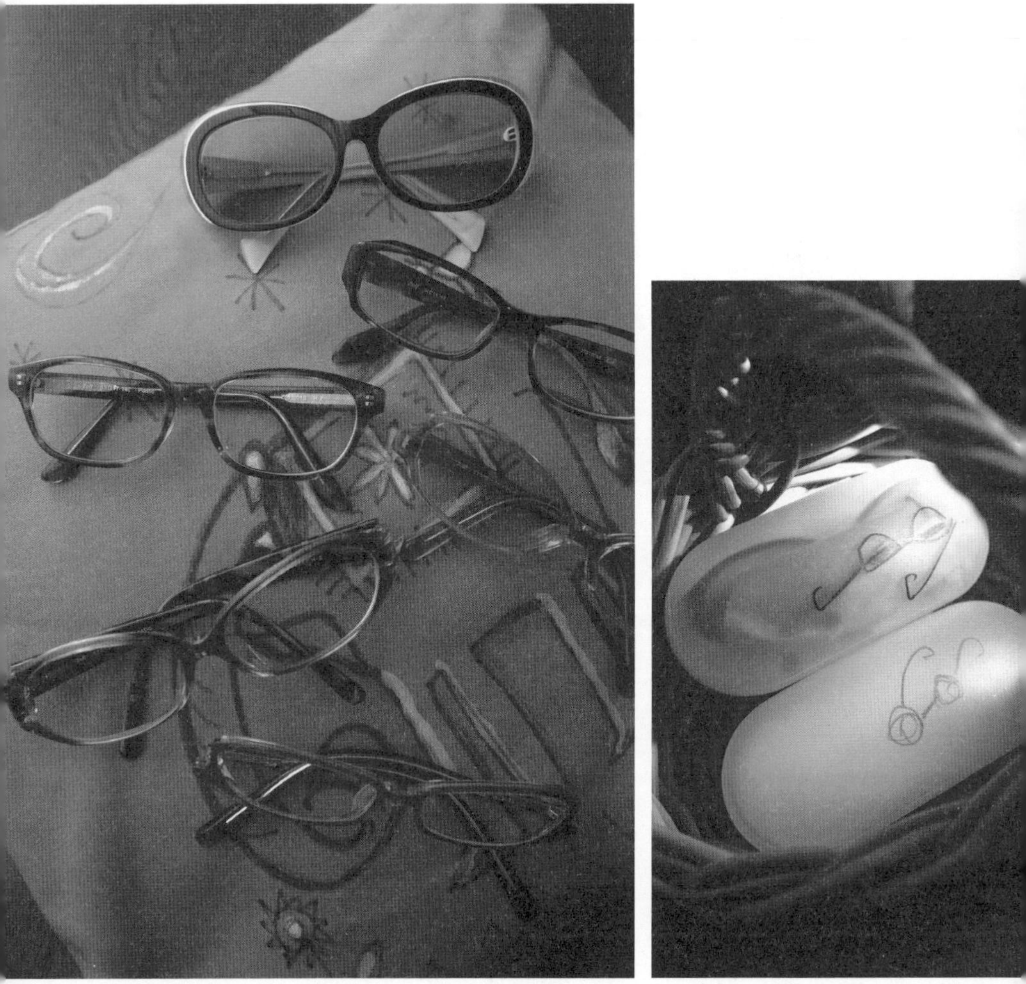

這些全部都是 Zoft 的眼鏡。至於眼鏡盒，我都是自己手繪。光看盒子上面畫的圖，就可以知道盒子裡裝的是哪一副眼鏡。
不知道是否有人沒聽過「Zoft」？它在日本各地都有連鎖店。雖然我在這本書這麼推薦它，不過我可不是特別在替它打廣告喔！

## 皮膚黑就要搭配強烈的色彩及誇張的花樣

雖然法國人喜歡穿著低調、沈穩的風格，不過日本人模仿起來，我並不覺得特別好看。法國人因為膚色白，所以很適合灰色。但相對的，日本人因為是黃皮膚，穿著灰色的話，看起來總覺得有些俗氣。

所以，我覺得即使人到了法國，日本人還是應該要穿著適合東方人膚色的衣服。更何況，法國人看到您穿上高級名牌衣服，可不一定就認為您的品味很好呢！

在黃皮膚的日本人之中，我的膚色又比較偏黑。因為兄弟中只有我一個人遺傳到爸爸的黑皮膚，所以從小，我哥哥跟弟弟總是對我很冷淡。

我從以前就對自己的長相感到自卑。一直以來，我都夢想著可以成為畫家，所以很憧憬有朝一日能夠去法國，同時也非常喜愛美麗的事物。然而，偏偏自己的膚色跟別人比起來卻是特別的黑，這真是讓我超級厭惡自己的外表，自卑極了！不過也正是因為這樣，乾脆就換個方向想：「反正我就是這麼黑了，又能怎樣？」這樣一來，倒也是海闊天空了！

少女時期，在女子學校上家政課學作洋裝時，其他同學都選水藍色或粉紅色的格子布，但我知道那樣的顏色並不適合膚色黝黑的自己，所以只有我一個人選了黃色的布料。

因為總是容易被特別的顏色或花樣吸引，所以現在我很愛穿東南亞或非洲布料做成的衣服。或許，就是因為我可以掌握自己膚色的特徵，所以才能建立自己獨特的品味，也終於尋找到適合自己的打扮風格。

# 隱藏自己的細長脖子

除了黝黑的膚色，我另一個自卑的地方就是突兀的長脖子。從很小的時候我就注意到這點了。我曾經和母親兩個人一直在東京的百貨公司逛半天，就是為了要買一件高領毛衣。因為在我年輕的時代，當時高領設計的衣服是很稀有的啊。

當年，女孩們流行穿海軍領，唯獨只有我，想穿男生服的高領襯衫。不過當時女生的衣服並沒有高領襯衫的設計，為此，我還曾跟弟弟說：「借我穿你的襯衫！」當時想，反正自己又黑又醜，乾脆就穿男生的襯衫、再打條領帶，打扮成男生算了！甚至還買過當年很稀有的連身服來穿。現在回頭想一想，原來我從這麼小，就開始研究起服裝打扮了啊！

現在我的衣櫃裡，從夏天無袖、到冬天的毛線材質，總共多達有10幾件的高領衣服。畢竟我一點也不想讓別人看到我又長、又顯露年齡的脖子啊！缺點就是要努力隱藏！

而且，一旦確立了「要穿黑色或白色的高領衣當內搭」的基本方向，之後的搭配就能輕鬆完成呢！

通常我的上半身會穿高領內裏，外面配寬鬆的上衣，讓下半身可以看起來比較纖瘦。我喜歡這種看起來俐落纖細的輪廓，所以下半身總是習慣穿合身的褲子或裙子。總之，絕對不穿蓬蓬裙。

只要找到適合自己打扮的原則，就應該要好好實踐。在不違背原則的前提下，盡情享受打扮、穿搭的樂趣。千萬別因為盲從流行，而打破自己的原則。講究、堅持，才能讓您永保美麗喔！

# 看起來像30歲的髮型及化妝術

這是發生在我10歲左右的事。某天，我去霞町（現在的西麻布）的理髮店把頭髮剪短。就這樣，我的一頭長髮就這樣「咖擦」的沒了。在當時，女孩子短髮造型可是很稀少的。

回程時我戴著頭巾，到家時我一邊脫下頭巾，一邊問我媽：「媽……妳會生氣嗎？」結果媽媽說：「哇！嚇了我一跳！不過，既然剪都剪了，也沒辦法囉！」

從那之後，我都一直維持著短髮造型。本來我就有點自然捲，所以頭髮剪短後，髮型就呈現自然的波浪狀。

不過，5年前左右（以二〇一二年計算），我就開始戴假髮。畢竟隨著年齡，白髮增加，髮量也減少了許多，整理起來太麻煩，所以乾脆戴假髮還比較方便。

想當初第一次去假髮專賣店時，居然看到自己年輕時候曾剪過的髮型。雖然那頂有點貴，不過我還是鼓起勇氣，把它買了下來。雖然戴假髮，不過因為有露出一些真髮，所以看起來很自然。而且是自己曾經剪過的髮型，所以看起來很適合我的臉型。

至於化妝方面，我習慣化淡妝，上一些粉底、畫眉毛。兩頰也會上腮紅，最後是口紅。僅僅如此。

不管是髮型還是臉，都不要過度裝扮，只要讓自己看起來有精神即可。至於做臉或是按摩，我覺得都太浪費時間及金錢了，所以我不曾去過。與其做那些事情，不如多吃些美食，豈不是更好？

# 使用「實在不浮誇」的保養品

有關美容，老實說，我真的沒花太多時間在上面。我對基礎化妝品其實也不特別講究，只是聽說市面上也有超貴的乳霜……。

我也曾經買過一罐要價兩萬日幣的乳霜。小小的瓶身裡，應該裝的是滿滿的乳霜吧？沒想到手指一伸進去，罐底居然這麼淺？！原來保養品只有裝到小指頭一半左右的高度！真是令人憤慨不已！

現在我用的保養品是「Dr.Ci:Labo」的保濕乳霜。這罐容量大，而且瓶身看起來多深，內容物就是裝多深，非常實在。使用起來的感覺也不錯。我就是喜歡實實在在、不浮誇的保養品。

每天早上洗完臉、上完化妝水後，就用這罐乳霜，就這樣，保養程序就結束了。我的保養步驟，就是這麼簡單！

「Dr.Ci:Labo」據說是由皮膚科專家所研發的醫美級保養品。

# 不化妝，只擦香水——我的少女時代

上一節提到我對自己的外表感到很自卑，覺得自己又黑又醜，所以當同年齡層的女孩們忙著化妝的同時，我心裡總抱著「再怎麼塗也是黑啊！」的想法，乾脆放棄化妝，什麼都不擦。

26歲時，我進入攝影協會，開始了攝影記者的工作，放在包包裡的，只有面速立達姆跟口紅而已。後來開始離家獨立生活後，比起從前，也僅僅多了香水而已。

曾有個女性前輩這樣告訴我：「妳真的很時髦呢！雖然臉上沒有化任何的妝，但是卻總是擦著高級的法國香水。」你能想像一個短髮俐落的女子，臉上乾乾淨淨不帶點妝容，唯有身上一抹舶來品的香水味嗎？

感覺很棒吧！

從年輕時代，我就很喜歡香水。我常對媽媽說：「今天我想去逛逛，可以給我一些零用錢嗎？」，媽媽就會吐槽：「拜託！妳可別再買一些怪怪味道的東西！」，不過被她說中了，那就是我的目標啊！當時我常拿著20、30錢，大約是現在200、300日幣的零用錢，去攤販買些過期的雜誌及香水。

葫蘆狀、或細長瓶身、顏色有粉紅色、黃色、或水藍色……，各式各樣的玻璃罐懸掛在攤販上，好不熱鬧！繽紛的罐子被煤燈照著，格外的奪目耀眼。「你看！這裡面的香味，可是從鈴蘭花萃取出來的喔！」老闆手上拿的香水閃閃發光著……，彷佛置身於童話世界般，真是浪漫極了。

當時的我，心中有個小小的夢想——等我長大後，我要買一個像在故事書中出現過，門可以左右打開的櫃子，櫃子裡面的上層我要放香水，下層我要放滿自己愛吃的巧克力！

# COTY香水的誘惑

我曾有一段時間，醉心於攤販陳列的香水。有一天，我來到朋友的家中。朋友家的女主人拿出一罐香水告訴我：「這罐是法國的香水喔！」然後，在我的手帕點一滴。至今，那個香味仍讓我難以忘懷。

那是股甜甜的、帶著柔和花香的氣味。那氣味跟攤販賣的便宜貨可真是天差地遠！閉上雙眼細細聞著，彷彿徜徉於花田之間，一種無法言喻的放鬆感。幾天後，手帕的香味消失了，我才不捨的把手帕拿去洗。後來用熨斗一燙，那香味又出現了呢！

果然！真貨就是不一樣！於是我決定開始存錢，就是要買那罐香水。它就是COTY的Lorigan。纖細的瓶身設計，也非常令人驚豔。

最近，我也很喜歡朋友送給我的生日禮物——Givenchy（照片上方瘦瘦長長的那罐），以及 Dior 的 Diorisshimo。我個人偏好植物系的香調。

# 戰爭・和平・香水

即使是戰爭顛沛流離時，我還是一直攜帶著香水。對於反戰的我而言，那段不安定的時期一直給我支持安慰的，正是香水。

在中日戰爭時，我曾在要送給前線軍人們的慰問袋裡，放入沾著香味、繡有小花的美麗手帕。後來我收到對方的來信寫著：「很幸運的，周邊只有我一個人收到有香味的手帕。真的很好奇，是怎樣美麗的女子送給我的呢？如果將來回國了，希望有幸能與您見上一面！」

這件事情被我哥哥跟弟弟知道後，還被嘲笑道：「哇！真糟糕！他居然以為妳是個美女，要和妳千里相會呢！」

戰後，出版業興盛，在當時攝影師還不多的年代，我很幸運的得到許多工作的機會。我拿著剛領到的薪水，興奮的走到銀座的黑市去逛逛，忽然之間逛到了賣香水的攤販，忍不住蹲在前面欣賞陳列的香水。

「哇！那不就是 COTY 嗎？雖然我一直想要的是 Lorigan，不過這裡只有 L'AIMANT……，算了沒關係，就買了吧！」因為那家店賣的都是賣給進駐美軍的水貨，所以非常的高價。剛領到的薪水，就這樣少了好幾千塊。

後來跟朋友提起這件事後，朋友說：「當時的 1000 日幣，大概可以買一俵米（約 60 公斤）呢！」

不過當時，我一點也不覺得「早知道就拿那些錢來買米了！」即使被別人說：「香味是遲早會消失的東西，何必花那個錢呢？」儘管如此，我還是想把錢花在可以為自己帶來幸福感的東西。後來，我在買香水的時候，心裡總是深深的感謝上天、感謝和平、感謝這一個沒有戰爭的時代！

# 上了年紀後，記得要擦指甲油

「什麼？！剛才拍照時，我的手也入鏡了嗎？」真是害羞啊！手還有脖子都是最容易透露年齡的地方呢！所以可別看得太仔細喔！

上了年紀後，指甲的顏色就會變得不好看，所以我平常總是擦著指甲油，而且盡量選擇樸素、低調的顏色。不過如果選擇接近膚色的指甲油，手和指甲會看起來髒髒的。所以我通常選深一點的粉紅色，牌子都是用「BOURJOIS」。這個牌子在藥妝店也可以找得到，主要客群以年輕人為主。

另外，我覺得露出指頭的手套也是很棒的點子。既可以隱藏手上的皺紋，又時尚，所以我也曾經把家裡手套的指尖部分剪掉，變成可以露出指頭的設計。雖然現在這樣的手套很流行，不過我可是在很早以前就會自己修改了呢！

我總是戴著可以隱藏皺紋、又能露出指甲的黑色手套，
指尖擦著自己喜歡的暗粉色。
在戴手套時，我也會注意不要只讓手的部分看起來太沉重，
隨時注意整體造型的平衡！

# 讓專業的我來告訴您，如何拍出漂亮的照片

有很多小朋友的人物照都照得很漂亮，那是因為孩子在拍照時不會緊張。在拍合照時，攝影師也常會說：「有一個人閉眼睛囉！再拍一張！」這麼一來，剛開始的緊張感多少會被緩和，就能拍出大家比較自然好看的照片。

被拍時，重點是身體不要緊張僵硬。另外，身體不要正面對著鏡頭，稍微站側一點會比較苗條。斜斜站著的時候，將重心放在後方的腳，這樣看起來會更好看。而臉型偏大的日本人，要拍照時最好是從上方拍攝，記得稍微收下巴，那麼就可以拍出漂亮的照片喔。

拍出好看照片的方法：
1. 不要緊張。
2. 身體稍微傾斜。
3. 重心放在後方的腳。
4. 收下巴。

## 祕訣 4

# 不要輕易顯露真實年齡

最重要的
不是年齡，而是
你的「心境」

這張是昭和 15 年，剛進攝影協會時的我。
攝於員工旅遊下榻的川奈飯店庭園。

# 隱藏年紀的原因

我在96歲以前，從未向外界提起我的年齡。我的工作助手，同時也是我的姪女總是說：「好想跟其他人說妳的年紀啊！真想看看他們吃驚的樣子！」

拍攝活躍於不同業界的「明治期的女性」系列報導時，當時的我大約七、八十歲。我大概拍了100位左右的女性，而其中只有三、四位年紀跟我差不多。

比如料理研究家阿部奈央女士、女演員北林谷榮女士是一九一一年出生的。畫家丸木俊女士及主宰「難民協助會」的相馬雪香女士則是一九一二年出生。而我，出生於一九一四年（大正三年）。

採訪時，我常被受訪者稱讚：「笹本女士還年輕嘛！」我心想：「其實我跟妳差不多年紀呢！」不過，還是要假裝沒事的樣子，繼續專心拍攝。

為什麼我要隱藏自己的年紀呢？主要是因為我還想一直持續工作。如果一說自己已經七、八十歲了，就會被人家認為：「啊？我居然要被一個老人拍照？」日本這方面的歧視似乎很嚴重呢！

「畢竟只是個女人」、「畢竟年紀也大了」而在工作方面得不到他人的信任，這種事情在日本似乎不足為奇。

所以，我之所以要對外界隱藏年紀，是為了可以持續目前的工作、而對自己做出的承諾。絕對不是只為了讓人以為自己還很年輕！

# 不要輕易顯露真實年齡

雖然在96歲以前，我一直不向外人說自己的年齡，但其實隱瞞著年齡生活，是一件很辛苦的事呢！

我曾有個朋友，對她的先生提到我隱藏年紀的事情。她先生聽後，說：「其實不告訴別人自己真正年齡，是很難的事。因為這代表著，你必須隨時隨地注意自己的樣態。這需要很大的努力。」

沒錯，正是如此！正如這位先生所言，要過著「無齡感生活」，是需要許多的「緊張感」及「努力」！

請想像一下：當您看到自己在不注意時被人拍下的照片，照片中的自己老態橫生，想必，您一定會覺得很沮喪吧？相同的，要讓人感受不到年齡，您不僅僅在鏡子前要漂亮，還得考慮到自己是否能在任何時候、即使被任何人看到，都能保持完美的狀態。若是沒有這樣的「緊張感」，就不可能當個「無齡感」的人了！

不管或坐、或站、或走，隨時都要抬頭挺胸。放大步伐，堂堂自在的行走。絕不能隨口冒出：「好累啊！」之類的話。也絕對不可以輕易放縱自己！

像坐公車時要出示的敬老證件，我手邊當然有那種東西。聽說70歲以後就可以申請了（雖然說，對我而言那已經是好幾十年前的事了）。

當我一個人搭公車時，我會出示敬老證件。但以前，當我跟朋友一起搭車時，因為考慮到如果出示那個證件，就會被對方發現我的年紀，所以我通常最後一個才下車，然後偷偷的，把敬老證件拿給司機看。有時候我也會乾脆不用敬老票，跟大家一樣付200日幣。為了不向別人透露自己的真實年齡，我也曾經費了不少心機呢！

# 五、六十歲的極盛期，是人生最美的時刻

青春，是那麼的美好、令人憐愛。但是，人一生中最美的時刻，卻是50歲以後。就像花朵，時候到了、成熟了，就能盡情綻放；人也是一樣，50歲，就是人生的極盛期，最能夠好好品嚐生命的碩果。這可是許多有經驗的前輩所說的呢！

我常向人分享：五、六十歲，是女人的極盛期。就像水果要夠熟、能夠散發出香味的程度，才最美味。水果有熟透的季節，女人也是。年輕的時候，生活的重心都是放在孩子、先生、工作上。等到能夠為「自己」努力的時期到來，那正是女人人生中的巔峰期啊！

女人三、四十歲的時期，總是把家庭或工作擺第一，為了保護自己珍愛的家庭與工作，與這個世界不斷抗衡、奮戰。然而，待年逾半百，肩

上的擔子總算能卸下，此時此刻，才是全心追求自我的開始。

面臨孩子長大離家的階段，一直以來維持的生活步調，忽然之間亂了秩序。然而也正是這個時候，女人才能開始好好面對接下來的人生。曾有個朋友對我說：「像我這樣的人，什麼都不會，孩子又離家了，這世界好像再也沒有人需要我了。我甚至想，似乎一死了之也無所謂了。」

唉！何必要這麼負面思考呢？人生可是現在才要起步呢！女人五十歲以後，才能解脫一直以來的束縛，才正要向世界展現真實的自己。這個時期要自怨自艾？還是要積極規劃？怎樣度過這段時期，也將決定了生命的精彩度！

所以，不是為了別人、而是為了自己開心而打扮，並且努力學習有興趣的事物。我到五十歲的時候，才開始去學室內裝潢，並學習透視圖的畫法。另外，閱讀、參訪美術館或看電影、和朋友見面，這些事也都很重要。人過了知命之年，就該好好把握剩下來的每一天！

# 想哭時，我會這樣做

我遺傳到老爸，不管是開心，還是傷心，總是用笑容回應。這已經是長久以來的習慣了。

不過，人生很漫長，雖然有許多開心的事情，但無可避免的，也有許多讓人不愉快的事。當然，也曾好幾次背地偷偷的哭泣吧？

我曾經攝影完後，不小心把底片弄壞，偏偏又快到期限了，只好趕緊做其他的題材來補空缺。只要是活著，人難免都有類似的經驗吧？美好之外，還有許多的後悔、悲傷、寂寞，交織而成的正是「人生」啊！

當我感到沮喪想哭時，我會去電影院。不管在播的影片是什麼都行，只要不是太過悲傷的就好。

黑暗之中，影片揭開序幕，整整兩個小時，我可以完全沈浸於電影的世界之中。從電影院出來後，心中鬱悶的感受總能豁然開朗。

電影之外，我也常去看喜歡的畫展、雕刻展、戲劇或音樂會。總之，就是要先從現實生活脫離出來，才能徹底轉換心情。千萬別一直沉溺於負面情緒中，因為沒有人會想靠近沒精神、面露疲憊的人。因此，記得隨時都要保持笑顏啊！順道一提，我個人喜歡的電影是法國電影「天堂的孩子們」；啊！還有「巴黎的屋簷下」也很棒，看了以後會讓人想談戀愛呢！主演的阿爾伯特普雷讓（Albert Préjean）超帥的呢！

## 用和同年齡層的人交朋友的心態，來對待年輕的朋友

對我而言，朋友就像寶藏一樣。而我身邊，總是有各種不同年齡層的朋友。

會打電話給我的朋友、會來我家拜訪的朋友、一起工作的朋友……，大家都比我年輕。啊，這好像理所當然喔？

以前曾經有人對我說：「比起跟年輕人交往，跟差不多年齡的人交往比較自在吧？」另外，也有個三十多歲的朋友對我說：「跟您交朋友的話，還是應該要把您看成是長輩，正經一點講話比較好吧？」

唉呀！真是想太多了！明明我希望身邊可以充滿年輕的朝氣，怎麼旁人不是這麼想呢？

跟小孩子說話時，我們會自然而然的蹲下去，用孩子的高度去和他對

話。同樣的，當我和二、三十、或是五十多歲的人說話時，我也會希望自己可以和對方站在相同的年齡層啊！

這不是迎合，而是像搭電梯上上下下一樣，站在對方的高度，以對等的位置來交朋友。

在我內心，不曾懷有因為自己比較年長，所以人生經驗也比較豐富之類的意識。即使跟年輕人講話時，我也一定會在對方的名字下面加個「先生」或「小姐」的敬稱。更從來不會一副「我早就知道了，我來教教你吧！」的樣子，反而總是抱持著「的確如您所言，我也這麼想呢！」的態度，聽取對方的想法。在對話過程中，也常發現自己還有很多事情都不知道，「咦？原來如此啊！」讓對方感受到我的好奇心。比如現在市面上最新的電器用品之類的訊息，我總是受教的那一方呢！

像這樣，有來有往的對話才是談天的樂趣。我甚至常在想，不知道對方會不會把我這個超級年長的人加入他的朋友名單裡呢？

# 還記得第一次被叫「先生」或「小姐」的時候嗎？

在這個時代，學校老師對著班上的同學，直呼「喂！山田！」而不在名字後面加個「同學」之類的稱呼，似乎見怪不怪了。不過我個人很不習慣這樣的現象。

「記得當年剛進小學時，老師在我的全名後加上敬稱，喊著『松田花同學！』時，當下真的很開心！」這是明治期出生的作家松田解子小姐所寫下的一個段落。當我讀到這段文字時，一種無法言喻的懷念感，湧上心頭。對了，順便說明一下，「松田花」是松田解子小姐的本名。

您還記得，剛上小學時，第一次被人稱呼「同學」，那種成長的感動嗎？一直以來，都被大人或朋友叫「小恒」，上了小學後，被學校老師稱呼「笹本恆子同學」，是多麼的光榮的事啊！同學中也有人第一次被稱呼「同學」，還搞不清楚狀況，身邊的母親趕緊告訴他：「就是在叫你啦！」才恍然大悟。

不管對方年紀多小，稱呼對方名字時，加個「先生」、「小姐」、「同學」等等的敬稱，是日語中很美的表現。也許有人會說：「像歐美人，他們在叫人時都直接稱呼名字，這樣不是比較有親切感嗎？」不過，這真的適合日本嗎？

日本從很久以前，為了要表現對其他人的禮儀，說話都會使用敬語。名字的後面也會加上敬稱。這不是為了要和對方保持距離，而是不管對方身份地位為何，都應該把他視為一個值得尊重的人。而我認為，所謂的「日本人的美」，其根源就是在於日語中有這樣的精神存在。不知道您認為如何呢？

# 我不記得有你這個孩子啊！

有時候逛超市時，會看到店員對著顧客說：「媽咪，這個很好吃喔！」如果我自己也被人家這樣講時，我會這樣回應他：「可是我不記得有你這個孩子啊！」。

「太太」這個詞，雖然尚可接受，不過我還是不太喜歡。不過比起「奶奶」是來得好多了！以前，這類的稱呼是絕對聽不到的。不管對方年紀多大，店員一定會好好稱呼：「客人」。究竟為什麼在現代，這樣失禮的稱呼到處都聽得到呢？

當我在做「明治期的女人」系列報導時，我特別能深刻體會這個時代的女性們，用字遣詞是多麼優雅。雖然我比這些女性都年輕，不過當她們在稱呼我時，居然是用最高敬稱的「您」呢！

料理研究家阿部女士也是如此。阿部女士只是利用摘下的野草，就能將之化身為一道夢幻料理。即使是這樣偉大的女性，不管在稱呼誰，都會用「您」這個詞。我在採訪阿部女士之後，收到了她寄來的一張明信片。上面寫著：「今天真是非常感謝您。若是與您能成為心意相通的知己，那該多有榮幸！」簡簡單單的幾句話，對我而言猶如珍寶。

我認為，用詞有禮，不代表缺少親密感。現代的人，不僅僅稱呼人的用詞，平常對別人就不分親疏，說話粗俗。這難道就是所謂的「親密感」？

用字遣詞，代表著一個人的教養。請各位要謹記在心啊！

## 「好時髦啊！」——其實這句話很失禮

接下來這一節，我還是要講用字遣詞的事。

我看電視時，很在意有人會用「嗯哼」這樣的詞。明明就不是朋友，怎麼會用這麼裝熟的詞呢？如果懂得尊重對方的話，應該不會這樣講吧？一般來講，說：「啊！原來啊！」不就好了嗎？

另外，「好時髦啊！」這句話，我也覺得怪怪的。到底從何時開始，這句話開始這麼流行呢？好像在人們的對話裡頭一直出現呢。

以前，如果被說：「好時髦啊！」通常聽到的人都會感到不愉快。如果男性友人說對方：「好時髦啊！」通常是在揶揄對方，同時帶著輕蔑的情感。總之，絕對不是稱讚的語言。

「好時髦啊！」其實這句話是很失禮的。

不過前幾天在電視上聽到主播說：「唉啊！好時髦啊！」對方也回應：「為了讓這邊看起來更時髦，我們就放在這裡吧！」真是怎麼聽都覺得怪異。用「真漂亮」這個詞不是很好嗎？

另外，比如說，很多人會把「這樣子」直接說「降子」之類的，這樣的省略語聽起來也是蠻不順耳的。不過那些話，在現代似乎都得到大家的認同了呢。

如果那些只是一時的流行語，那也就算了。不過我真心希望一些莫名奇妙的省略語，可以不要傳到後代啊！

# 我讀很多書，但我不會到處愛現

雖然在前幾節提到，想哭時我會看電影，不過其實我幾乎只看洋片，日本片幾乎是沒在看的。因此，之前採訪電影導演新藤兼人時，可是費了我很大的功夫。第一次採訪，正值他的一部以老年為主題的電影「下午的遺書」（一九九五年），在日本藝術獎中得到優等作品獎，在日本掀起了一陣話題。當然，這部電影我觀賞過，同時也看過他的其他幾部作品。比如「裸之島」（一九六〇年），聽說這部片子在海外得到超高的評價，甚至在俄羅斯美術館也有收藏這部影片，所以我也去借了影片來看看。我重複看了數次，直到第三次才能體會到影片的深意。「裸之島」全片兩小時，完全都沒有對白，所以觀賞起來其實是很花腦筋的。

當我要去採訪某人之前，我都會先好好的讀對方寫的書、或觀賞對方的作品，才會進行訪問。不過真的見到對方時，我絕不會一副得意洋洋地搶著說：「您寫的那個真棒！」「您那個橋段設計的真好！」之類的話。

當對方說：「當時為了完成作品，真是很辛苦呢！」我頂多回答：「是啊！我能理解」。從對方的作品學習到的東西，留在自己的腦海裡，累積自我的能量，就夠了。

不知道從何時開始，積極表現自我的行為，比如堂堂的宣言：「我就是這樣的人」、「我是這樣想的」在現在這個社會，似乎是被嘉許的。然而我卻不這樣認為。我跟其他朋友說過好幾次，比起一味強調「我」如何如何，人更應該要對眼前的對象給予更多的尊重。縮小自己，尊重他人，這樣的謙虛是人際關係中相當重要的課題呢！

# 我的攝影生涯中，有很長一段空白期

從我26歲開始投身攝影報導的工作，至今大約70年。其中大部分的時候，我沒有跟任何公司合作，而是以個人的身份進行攝影採訪。一般來講，如果要進行攝影採訪的話，最好是以出版社或雜誌的名義，向受訪者提出採訪請求，這樣受訪者會比較願意配合，工作也會進展順利。然而，我在過去的那段時間，一直是以個人名義進行採訪，所以其實很多時候都特別的辛苦。

老實說，我的職涯生活中，有很長一段空白期。

戰後到60年代，我以一名獨立攝影記者的身份，忙碌奔走。然而，到了60年代後半，許多跟我有合作關係的攝影雜誌相繼廢刊，漸漸的，跟攝影有關的工作機會越來越少。在不得已的情況下，我只好另尋其他工作機會（關於這點我將在142頁仔細說明）。

等到再拾起相機工作時，已經進入了80年代了。當時我想著：「很想要採訪那些堅毅凜然的明治時代女性們！」然而，拍下的照片卻苦無刊登之處。甚至連登上攝影展或攝影集之類的機會都沒有。

加上過去長久的時間，我沒有在攝影業界裡打轉，即使向人自我介紹：「我是個攝影記者。」也沒有人知道笹本恒子究竟是哪號人物。

還記得當時，我先寄信給想採訪的對象。除了自己以前拍過的作品集之外，再附上請求對方接受採訪的信件。調查地址後，我寄給了一位60歲左右的受訪者。一週後，再打電話給對方詢問是否願意接受採訪。當時的我，已經70多歲了。

# 沒沒無名時期的奮鬥記

獨立工作的時期，從決定採訪對象，到敲定見面時間，所有事都得自己一肩扛起。比起攝影採訪當下，其實之前的準備作業及後續整合，更加花費時間。

當我決定要做「明治時代的女人」系列報導時，我誠心誠意的寄出請求採訪的信件。幾天後打電話過去確認時，對方回答：「沒有問題喔。請問一下，那些報導會在哪本書刊登出來呢？」

「關於這件事，目前尚未有刊登的預定。」

「那照片會在哪裡展覽呢？」

「嗯……目前也尚未有預定的展覽。」

即使如此，對方仍願意接受採訪，真是讓人感激不盡！

於是，只要對方答應，不管人在哪裡，我一定飛奔前往。順道一提，獨立工作者的我，前去採訪的相關交通費等等，當然都得自掏腰包。即使對方是遠在法國、還是美國，我還是會「殺」過去的。不管何時，我總是這麼認真的看待每一次的工作機會！

70歲，人生職涯再次啟航。當時我之所以選擇「明治時代的女人」作為採訪主題，其實背後的動機相當單純。嗯，不對，與其說是我主動選擇，不如說，是因為心底深處有一股「我一定要做這個題目」的強大動機，就是這樣的動機，推動我再次踏向職場。

常聽人說：「明治時代的男人相當有骨氣」。但我一直覺得：「明治時代的女人應該更有骨氣吧？！」我認為，應該要給這些女人們更多的聚光燈，讓她們更加閃耀才行。於是，我便開始著手「明治時代的女人」系列報導。

※ 日本明治時代（西元 1868 ～ 1912）

## 讓發光發熱的前輩引領自己前進

一九四五年二次大戰結束，到實施婦女參政權之前，日本女性的社會地位其實是相當低的。

那個時代下的女人，全心全靈奉獻給家庭，照顧先生孩子，當時沒有洗衣機或吸塵器，只能一邊背著孩子，一邊做家事。在這樣忙碌的生活裡，有些女性還抽出時間寫文章、繪畫、進行社會運動……，讓自己在各個業界中嶄露頭角、發光發熱。明治時代的女性，內在充滿著無限的活力。現代的我們真的很幸運，擁有這些前輩們作為人生的模範。

比如書法家桝本楳子女士，她早年喪夫，獨自照顧三個孩子，一面自學書法，習得了一手好字，之後在高中教書法，直到99歲都投身於教育界；或是女演員澤村貞子女士，早期為了生活，接了許多工作，工作繁忙之餘，也不忘每天為自己心愛的丈夫準備一桌好菜；還有像畫家秋野不矩女士、歌手淡谷典子女士、作家宇野千代女士、第一代女性眾議院議員加藤靜枝女士、洋畫家三岸節子女士、詩人鈴木真砂女女士等等，大家都是充滿魅力的女性呢！

花費了六年進行攝影採訪，最後，共有近一百位女性接受了我這沒沒無名的攝影記者邀約，讓我得以順利完成報導。由於這些女性的故事是如此感動人心，這些照片後來製成了《燦爛的明治期女性》及《閃閃發光的明治期女性》兩本作品集。一九九六年時，這些照片甚至登上了資生堂的展覽廳，舉辦了攝影展覽會。

感謝這些發光發熱的前輩們，引領了我，再次出發！

人生的轉機
來自於源源不絕
的好奇心

祕訣 5

# 閱讀，書寫，工作及戀愛！

# 忙碌的行程，就是自我挑戰

我的工作生活，簡單來說，就是一直採訪、採訪、採訪……。特別是接到雜誌的採訪工作時，常忙到沒時間吃飯，等注意到時，居然已經半夜了！有的時候甚至因為嫌麻煩，乾脆簡單吃個蛋糕配紅酒就上床睡了。回想起來，二〇一一那一年真的格外的忙碌啊！

就在96歲的那一年，我的人生發生了巨變。之後的所有，都起源於攝影家小西康夫的攝影個展。如果我沒去參加個展的話，就不會發生後來的種種了。不管是幾歲，一直保持活力充沛的我，居然人生出現了這麼不可思議的轉折。以下讓我為各位詳述這「96歲的轉捩點」的始末吧！

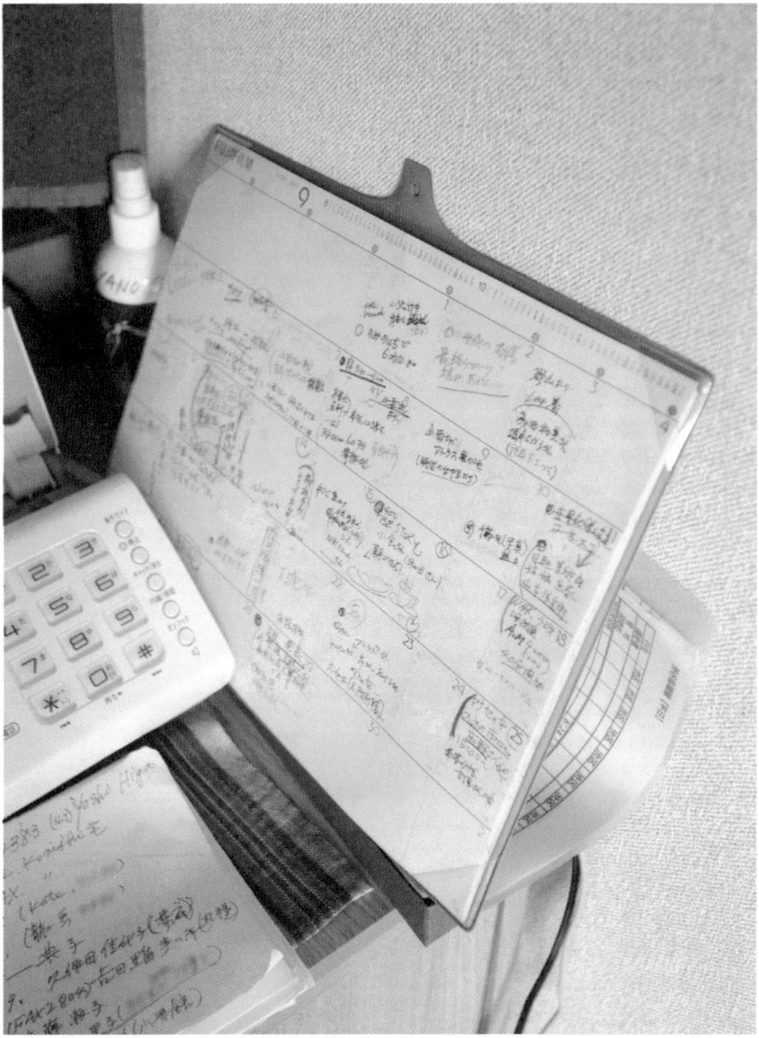

照片中是我用月曆的空白欄記錄下來的工作行程，一目了然。
我總是把月曆放在電話旁，這樣工作時就能隨時確認行程了。

在第四章有提到，我在七十歲的時候，以獨立工作者的身份再次展開攝影記者的職涯。之後一直努力投入工作中，但是在93歲時，因背骨不慎受傷，患得了腰椎椎管狹窄症，之後的三年都一直無法順利工作，其實那段時間讓我相當意氣消沈。

就在這個時候，我收到了小西康夫先生攝影展的邀約明信片。他的太太凱特是美國籍記者，過去我曾和她有過合作關係。不過已經十年沒聯絡了，讓我相當猶豫，是否應該要去參加小西先生的攝影展。

考慮許久，最後我決定去參加。於是我在二〇一〇年四月，攝影展最後一天來到了位於目黑的展覽廳，並巧遇了小西先生及凱特女士。當我們正聊著攝影展的時候，展覽廳的館長新山洋一先生出現了。新山先生恰巧知道我的事情，於是我們幾個就一邊品嚐紅酒，一邊愉快的話家常。

聊到一半的時候，我終於說出口：「我現在這把年紀了，似乎也應該跟各位坦誠自己的年齡了。其實在今年的九月，我就96歲了。」大家聽了後一副不可置信的樣子。新山先生說：「這樣吧！在您今年的生日那陣子，我們就來舉辦笹本女士的攝影展吧！」

就這樣，在大家的協力之下，我在九、十月舉辦了個人攝影展『恒子的昭和』。在那段時間，我也接受了朝日新聞的採訪，報導題目為「職涯超過70年的攝影記者・笹本恒子（96歲）」，並且附上我的照片，讓日本全國的人都知道我的事情。之後，從各地來見我的客人蜂擁而至。直到現在，採訪的邀約不斷，我的行程表也總是寫得密密麻麻的。

二〇一一年，我有幸獲得吉川英治文化獎及日本攝影協會獎的殊榮，於是我的生活出現更多的採訪邀約、或出席電視、廣播、演講、在書籍或報紙上寫評論……。雖然常感到快喘不過氣了，不過還是相當感激這些機會。只要想著忙碌的行程正是給自己的挑戰，就能支持著我，繼續努力前進！

# 無印良品的空白筆記本是我的寶物

因為自己一直以來都是獨立工作者，工作身份上不帶著任何「印記」，所以當我第一次聽到「無印良品」這個品牌時，就感到相當的親切。無印良品有一本92日幣的空白筆記本，我持續愛用了20多年。

這本空白筆記本大約是B5尺寸，我在筆記本的封面貼著自己喜歡的月曆插圖，習慣橫放著左右掀頁。每天早上，不管是看電視學英文會話、還是料理節目的食譜、或電話中的重要內容、明天的行程預定、抑或是閃過腦海的瞬間一念，我都會把它們記錄在這本筆記本中。只要看裡面內容，就能一目了然，也能紀錄生活的點點滴滴，非常方便。

現在，您正在閱讀的這本書籍，書中的許多元素也都是源於這本空白筆記本中的紀錄喔。這本92元的筆記本，是我最珍貴的寶物。

因為持續愛用了 20 年以上，
所以在專用的架子上也排了 50 本左右的筆記本。
這本筆記本最棒的，在於它每一頁都黏得很牢，不易脫落。
即使有一頁寫壞了要撕下來，也不會讓其他頁面跟著脫落。
「無印」先生啊！請您以後千萬不要隨便停賣這個產品啊！

# 多才多藝，助我一生——恒子的「鍊金術」

不屬於任何公司的人，好處是可以自由自在做自己喜歡的工作；然而相對的，也可能隨時就陷入沒有工作、沒有收入的窘境。這就是獨立工作者的可怕之處。60年代之後的我，也曾有長達二十年的時間，從攝影業界消失。

在那段期間，我的收入來源主要是替客人手作訂製服、花藝設計、陶板畫、手作飾品等等。

雖然最終我踏入了攝影的業界，但是我本來的志向是要成為一位畫家。不過因為曾有人跟我說：「畫畫賺不了錢」，所以從少女時期，我就開始學習裁縫或花藝。所以，我衷心建議各位，只要是您有興趣的東西，都請去試著學習吧！

60年代後，花藝設計從海外引進，當時的我也花了相當的精力去學習。因為之前也有學過一些日式花道，所以在學西洋的花藝設計時，很快就能上手。後來在一個偶然的機會，知道有個工作機會，是徵求能寫花藝設計相關書籍的人，於是就開啟了我寫書的工作機會。這本書後來相當暢銷，許多人希望我能去當花藝設計的老師，因此我就開了一間花藝設計的教室來授課。

有一陣子，花藝設計比較退流行，某天我來到一家精品店。我請店家替我把包包放在櫃臺上，裡頭有個我準備要送給朋友的手作飾品，就這樣恰巧的滑出包包。一見到那個飾品，店家問：「這是您手作的嗎？太美了！這應該會賣得很好喔？這個可以放在我們店裡賣嗎？」果然，那個飾品大熱賣，才一上架，一下就賣掉了！

這件事，當然也是有所謂的「天時、地利、人和」，不過也有一些我創造的「刻意」。在手作飾品之後，我開發了由泥土及玻璃組合起來的原創藝術「BIDORON」。我用這樣的藝術手法，作了飾品或陶板畫，並在東京及橫濱的店寄賣，也相當獲得好評。下一頁就是我的作品，請慢慢欣賞。

照片中的是將黏土上色或是用陶器做成的項鍊。
記得那天精品店的店長對我說：「這個可以放在我們店裡賣嗎？」
回程時我從車站一路走回家，心中滿是喜悅。

這是我發明的原創陶板畫「BIDORON」，
是一種由泥土與玻璃結合的藝術手法，
作品呈現出類似花窗玻璃般的透明感。
上圖這類 3 幅組畫，
有以「小王子」或其他各類題材為主題出發的，
而照片中這個作品，則是以巴黎紅磨坊為意象而製成的。

# 沒有工作時，我會這樣做

在這個時代，許多人會依照性向、喜好來摸索適合自己的工作。接下來，讓我繼續跟各位聊聊，我在沒有攝影工作的那段期間，累積了哪些經驗。

首先，我嘗試手作訂製服。因為自己畢業於裁縫學校，加上對設計也很有興趣。於是，一九六二年我在澀谷某大樓裡租了一個房間開業，身邊的朋友也相當支持我，就這樣順利工作了三年多。不過，畢竟是第一次做生意，對未來沒有明確規劃，收入不如預期，人事費用也很高，於是，最後終究面臨收店的結局。

在那陣子，花藝設計從歐美傳入日本。我聽說花藝設計比起傳統的日式插花需求更高，所以趕緊找才藝教室，開始努力學習西洋花藝。之後藉由朋友的牽線，開始執筆花藝設計的書籍。

在一九六七年出版的《花藝設計教室》裡，從插花到拍照、紀錄，全部都是我自己一手包辦。當時市面上沒有類似的書籍，加上西洋花藝的風潮正興，所以我寫的這本書刷了好幾版。不久，開始有人邀約我當講師。於是我自己開了一個類似「文化學校」的才藝班，學生群主要是大型公司或工廠女性職員，除了指導花藝設計之外，也教餐桌禮儀或攝影技術。這樣的工作，我維持了十年左右。如前一節所提及，我在講師的工作之後，就是做手作飾品及「BIDORON」。

總而言之，當失去工作時，千萬不要因此停滯下來，而是要多觀察時代的潮流變化，想想自己接下來可以做些什麼。對我而言，以前學過裁縫及繪畫的經驗，對我之後的工作相當有幫助。我認為，像刺繡或是編織之類、可以培養色彩感覺的領域，相當有學習的意義。即使那些技能無法跟您的工作結合，但是當您在日常生活中，一點一滴的編織著彩色人生時，對色彩的敏銳度及感受力，絕對能助您一把喔！

# 來寫信吧！

我常常寫信。比如收到刊登我我個人採訪的雜誌時，我也會寫個感謝信給對方。或是宅急便送來朋友給我的禮物時，我也會立刻寫信致意。

我的母親曾說：「在收到人家寄來的禮物時，第一件事不是立刻打開，而是要先寫感謝信。」雖然這有點誇張，不過就像收到食物的禮品，在吃之前我會先說：「哇！看起來真好吃！」或「這是我很喜歡的東西呢！今晚就來吃吧！」而寫感謝信，也是早點先寫比較好。

如果對方是長輩的話，不要選擇傳真或電子信件，應該要寫信或明信片才適當。字很醜？別擔心，那也是寫信的醍醐味之一喔。不管是誰，只要收到沒有錯字、用詞有禮的信件，都能感受到手寫文字的溫度喔！

我的書桌總是這樣的狀態。在還沒有回信之前，我會一直把對方寄來的信件這樣擺著，隨時提醒自己記得要回信。

# 為了不要讓自己怠惰，我持續「閱讀」

早上一起床，我會先喝一杯優酪乳潤潤喉，接著打開電視。一面看著NHK 英文會話節目，一面讓自己腦袋清醒。

客廳的矮桌上，總是放著無印良品的空白筆記本，我會把電視教的英文記在裡面。不過，僅止於稍微紀錄一下我特別想學的對話。接著，我會看NHK下一個節目「體操時間」，稍微伸展身體。有關這些習慣，我在第72頁也有提到。等到頭腦跟身子都暖起來後，就會開始閱讀報紙。

聽說最近越來越多人不讀報紙，而是在網路瀏覽新聞。我認為，報紙的好處在於，即使是自己沒興趣的事情，也會不知不覺的接收到相關訊息。我最近因為比較忙碌，所以有時沒辦法閱讀得太仔細，不過每天早上還是一定會看報紙，這是我生活中很重要的習慣。

對我而言，這世界最近發生了什麼事？我們是生活在一個怎樣的社會？這些都是我很關心的話題。不管是報紙的社會版、文化版、家庭版，我都很想知道這些報上的資訊。有時，我會在報上看到想採訪的對象，或看到想嘗試的食譜。而我很關心的報導內容，我會記在空白筆記本中，或是剪下那篇報導收藏。

對了，我在第60頁提過的紅酒功效，也是在報紙上讀到的喔！

為了讓自己平淡無奇的日子注入一些活力，我持續閱讀報紙、書籍或雜誌。這也是不要讓自己怠惰的好方法。

# 為了不要讓自己怠惰，我持續「書寫」

為了讓自己的生活更多刺激，為了讓自己的每一天都能充滿生命力，閱讀報紙、書籍、雜誌是很重要的事情。然而，「閱讀」終究只是被動的，所以我有時也會「書寫」。

寫日記、寫信、寫散文。我覺得，與其為了書寫，刻意地買漂亮的日記本或原稿紙之類的，還不如簡單買大學生用的筆記本（我是選擇無印良品的空白筆記本）。剛開始，什麼內容都行，一天寫個一、兩行就好。這樣反而比較能夠持久。這也是有經驗的人告訴我們的。

「最近字幾乎都快忘光了，要書寫實在很麻煩的。」或許有些人會這樣想。但，即使是著名的作家桌上，一定會放著好幾本不同種類的字典。

查字典就是學習的第一步，所以，請務必養成這樣的好習慣。我也是在客廳矮桌下的架子、或工作桌上，一定會放一本字典喔！

另外，「繪畫」也是不錯的點子，要不要試著畫畫看呢？或用畫來寫信？千萬別想著「我沒有畫畫的天分」。比起那些有受過正統繪畫課程的人，即使您的畫超出畫紙，但是您大膽的揮墨、隨性的畫風會更能顯現個性，也更有趣呢！（我這麼說，會不會被專業的美術老師罵呢？）

# 新道具「登場」！

我最愛的相機牌子是徠卡（LEICA）。在我剛開始做攝影記者的那個年代，沒有什麼現代的電子閃光燈這種東西，所以如果在室內攝影的話，必須要使用閃光燈泡（flashbulb）。當時職場的前輩總是再三告誡我們：「要是不小心的話，萬一燈泡破裂，臉也會被燙傷喔！」當時我們總背著裝有相機、閃光燈泡等道具的包裹，到處奔走攝影現場。

最近，我改用新相機 CANON 攝影，這是我人生第一台的數位相機。對了！我還買了手機喔！我選了一個跟鄰居好友同一款式，操作最簡單的機型。不管是數位相機，還是手機，雖然我還稱不上是操作達人，不過還算會使用啦！數位相機、手機這些新道具在我近百歲的生活，陸陸續續隆重「登場」！

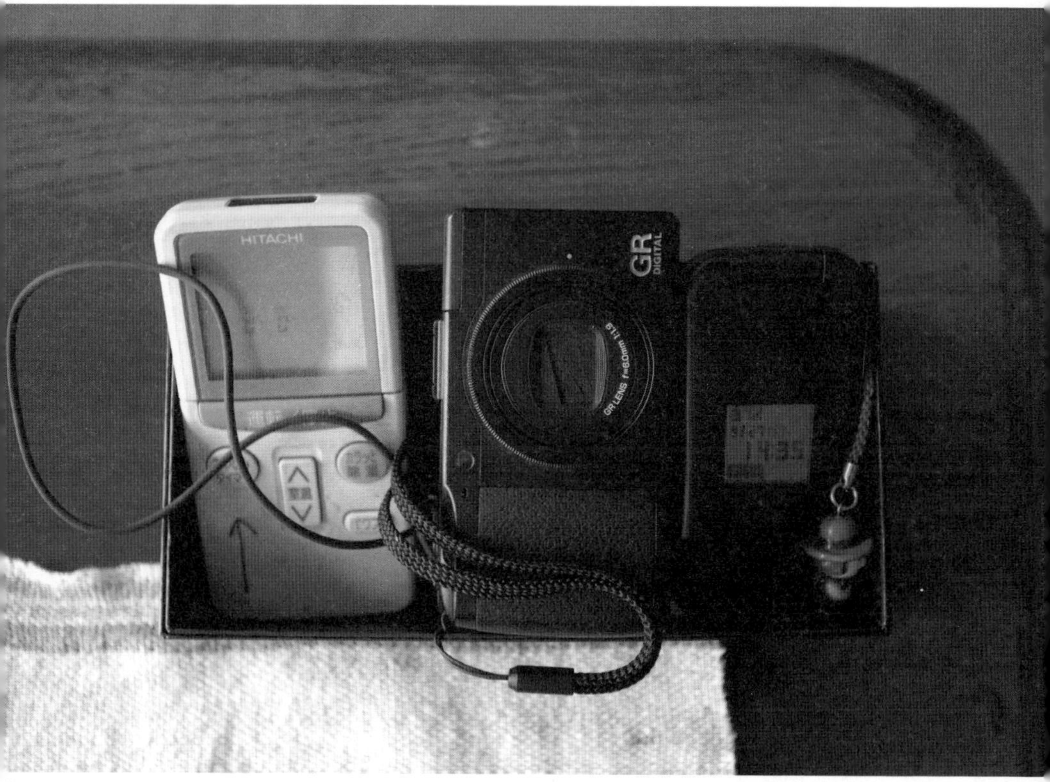


設於客廳的矮桌。
由右往左，分別是手機、數位相機、冷氣的遙控器，
三種生活中的必備神器。
對我而言，搞懂說明書上寫的操作方法實在太困難，
所以我通常請鄰居或來訪的客人教我。

# 還有好多好多想做的事情！

二〇〇七年我去過美國加州的紅酒工廠，之後如果還有機會，我真的很想再去一次。二〇一〇年曾採訪過在紐約工作的日本女性，但總覺得那次拍的照還不夠……。講起今後還想做的事情，真的怎麼說也說不完！

還有，我也很想跟武野武治先生見面。他是一位比我年輕、生於一九一五年的日本記者。過去他曾是朝日報紙的記者，但是因有感於戰爭責任，於是決定辭職，是個相當有骨氣的男人。另外，和我一同獲得吉川英治文化獎的宇梶靜江女士，也是我一直很想採訪的對象。她生於愛奴民族，長久以來不斷在作品中，與種族歧視抗戰。

吸引我的人，並非在於是否有名氣，但一定都是很有骨氣、擁有強烈信念的人們。我很希望能夠將這些吸引我的人最自然的一面，用相機紀

錄下來、並聽取他們對人生的分享。因為想做的事情真的太多了，我根本沒時間思考自己的年齡啊！

# 不管幾歲，都要「戀愛」

彩色的人生裡，豈可缺少「戀愛」？生命中若是有個喜歡的人，光是想起「那個人」，心中就有無窮的喜悅。接下來，讓我跟各位分享，那位在我餐具櫃上相框裡的「他」吧！相片中的他捧著花，是一位英國籍的爺爺。

那是發生在二〇〇一年的事。我有個住在紐約的日本朋友，名叫比嘉。有天，他告訴我：「下次的假期，我想去南法學習做料理。」我回：「哇！真好！我也好想去啊！」「笹本女士也一起去啊！不過我不是要住飯店喔！我是要住在一個老爺爺家呢！」我問：「那我去方便嗎？」

他說：「房子很大，絕對沒問題的！」

於是，我們就前往南法的鄉村地區。比嘉先生的太太是英國人，她的父親一直住在這片土地。

我們在戴高樂機場換機，前往法國南部的蒙佩利爾，再從那裡花一個半小時坐車到達目的地。那是一片廣大的腹地，甚至還有泳池、農地。那位老先生就住在那裡。十年前他的太太過世，於是他就跟女兒，也就是比嘉先生的太太，還有兒子，一起住在這偏僻的鄉村裡。

他是一位非常優雅的先生。擁有如演員般的帥氣相貌。他本來是雕刻家，在倫敦當老師教學生雕刻，不過因為太太有花粉症，所以只好另尋更適合的生活環境，最後落腳於南法的這個鄉村。在這片土地上蓋了兩層樓的大房子。太太過世後，他每天自己種田、游泳、雕刻。而且非常會下廚，每天用自己種的菜做出美味的料理。

之後的每一年，我和那位先生都會互相寄聖誕卡片祝賀對方。他也曾經寄給我看他自己拍攝的照片。

二〇一〇年的秋天，我在東京目黑舉辦了個人攝影展『恒子的昭和』。活動結束後，我前往紐約進行拍攝工作。我在比嘉先生家住了兩天。當時比嘉先生的太太還打電話給她的父親說：「現在笹本女士人在紐約喔！」。結果，據說他在電話那頭問道：「笹本女士應該是單身吧？」比嘉太太回答：「好像是。」，他接著說：「這樣啊，原來她還沒找到一個像我這麼好的男人啊！」

這麼直接的話，想必日本的男人們一定說不出口吧！

後來，在那年的聖誕卡上，我第一次寫出自己的心聲：「I LOVE YOU」、「I want to see YOU!」。不過，在隔年一月，他就過世了。放在我餐櫃裡的照片，就是當時他的家人寫信告知過世消息時，夾在信裡的一張照片。

唉！真的好惋惜、好後悔！如果我能早點鼓起勇氣告白就好。他真的是一個很棒的紳士。要是當時能直接飛去找他的話……，也許人生就能多一頁充滿甜蜜玫瑰花香的故事吧？

我這個人，即使心裡有個喜歡的人，也無法直接向對方說：「我喜歡你」。一方面是因為不好意思，另一方面是，萬一被拒絕了，我恐怕難以從失戀中重新振作。雖然這麼說可能會被大家笑，不過我也曾經暗戀某人半年之久，卻完全沒向對方表達心意。

不過，我覺得即使沒告訴對方「我喜歡你」，把愛慕之意一直藏在心裡也沒關係。只要想起那個人，心頭小鹿亂撞的那種感覺，就能讓暗藏在心中的那朵玫瑰花，永保盛開！

# 感謝各位（後記）

行筆至此，這本書也進入尾聲了。其實還有更多故事想跟大家分享的呢！比如我家附近小餐館、我想推薦的皮衣之類的，還有至今我遇過的人物們，他們人生中一些精彩的小故事。想對各位說的故事，真的像山一樣多呢！

不過，沒關係，我相信我們下次還有機會！

這本書，大多是以我記在「無印良品」空白筆記本裡的內容為根基。話題主要圍繞著食、衣、住方面。寫這本書時，我感覺自己投入了比以往更多的熱情在完成。這是因為我93歲時罹患了腰椎椎管狹窄症，當時我就夢想著，將來一定要完成一本這樣的書，於是我開始一邊參考著自己的空白筆記本，一邊開始執筆。也或許，「書寫」這件事情，多多少少可以減輕我無法工作的痛苦吧？

封面貼著亨利盧梭自畫像的空白筆記本，就這樣，化身為一本書籍了。這多麼令人開心啊！親愛的各位，真的非常感謝您們閱讀這本書！

最後，我想跟各位分享的一句話，就是：「人生，沒有所謂『來不及了』。」——（這也是有經驗的前輩說的！）在人生每個不同的階段，請您都要全心全靈的投入當下。即使失敗了，只要再修正就好。若是這次不行，還有下一次、下下一次、下下下一次……，人生，就是不斷的挑戰自己！

不要輕言放棄，抱持希望、好好活著，這就是彩色人生的精髓啊！

好了，我就先講到這裡。來開瓶紅酒吧！您，要不要一起品嚐呢？

二〇一二年二月，於東京賞月中

笹本恒子

本書部分內容曾在二〇一二年二月，收錄於講談社文庫所刊行的《97歲的幸福論・一個人開心生活的五大祕訣》。本書以此為根基，並重新編輯。

本書的內容記述，乃基於作者97歲時的真實故事。

國家圖書館出版品預行編目（CIP）資料

100 歲的幸福論：開心生活的五個祕訣 / 笹本恒子著；楊雅銀譯 . -- 初版 . -- 臺北市：沐風文化，2018.07
面；　公分 . -- (Living ; 4)
譯自：100 歳の幸福論：ひとりで楽しく暮らす、5 つの秘訣

ISBN 978-986-95952-3-0( 平裝 )

1. 人生哲學

191.9　　107007746

Living 004

# 100 歲的幸福論

## 開心生活的五大祕訣

作　　者：笹本恒子
譯　　者：楊雅銀
責任編輯：陳聖怡
封面設計：尤洞豆
內文排版：無私設計 洪偉傑

發 行 人：顧忠華
總 經 理：張靖峰
出　　版：沐風文化出版有限公司
地址：100 台北市中正區泉州街 9 號 3 樓
電話：(02) 2301-6364
傳真：(02) 2301-9641
讀者信箱：mufonebooks@gmail.com
沐風文化粉絲頁：https://www.facebook.com/mufonebooks

總 經 銷：紅螞蟻圖書有限公司
地址：114 台北市內湖區舊宗路 2 段 121 巷 19 號
電話：(02) 2795-3656
傳真：(02) 2795-4100
服務信箱：red0511@ms51.hinet.net

排版印製：龍虎電腦排版股份有限公司
出版日期：2018 年 7 月 初版一刷
定　　價：320 元
書　　號：ML004
I S B N：978-986-95952-3-0（平裝）